聖なる共同体の人々

坂井信生

九州大学出版会

目次

序章

Einleitung

本書関連地図

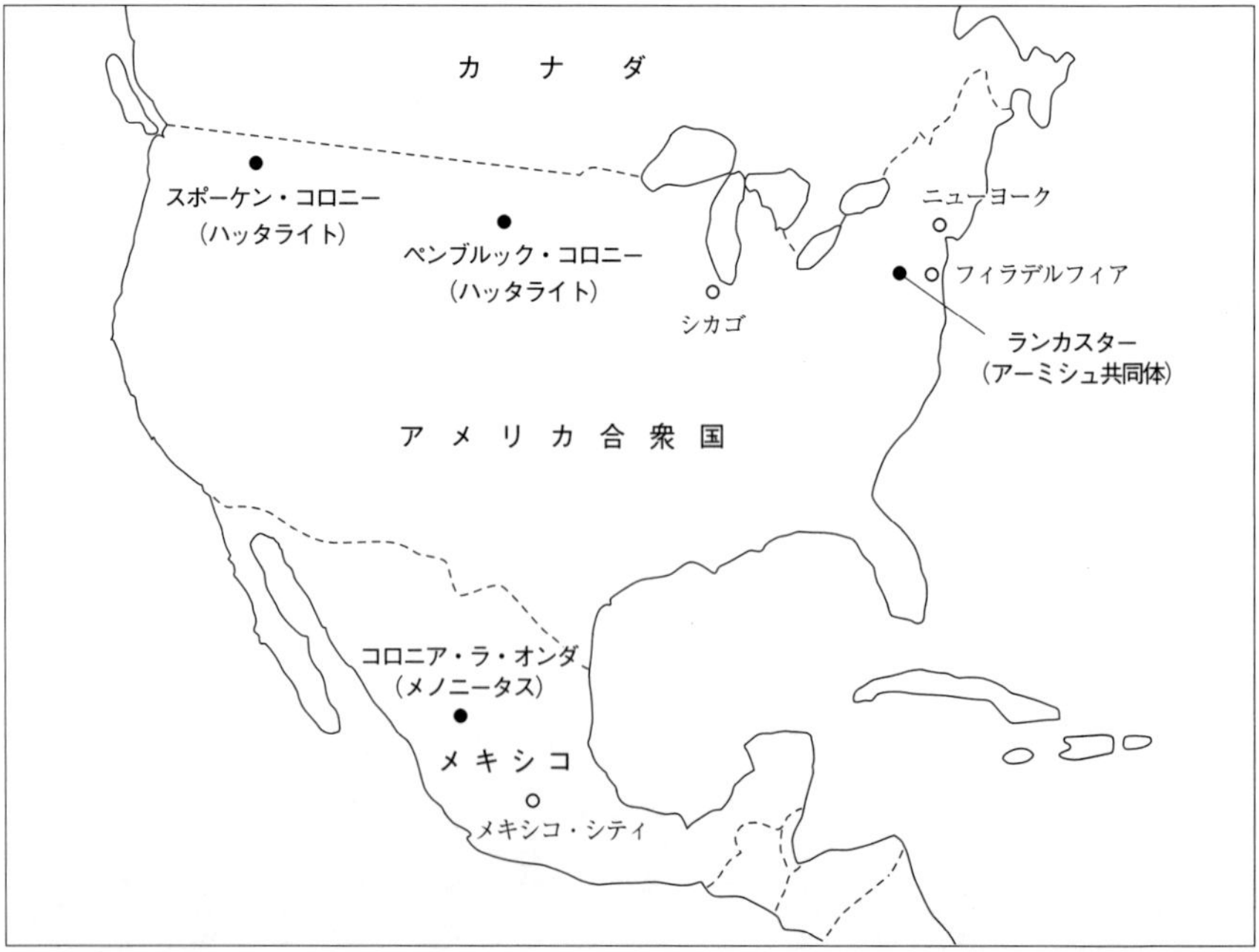
カ　ナ　ダ
スポーケン・コロニー
（ハッタライト）
ペンブルック・コロニー
（ハッタライト）
シカゴ
ニューヨーク
フィラデルフィア
ランカスター
（アーミシュ共同体）
アメリカ合衆国
コロニア・ラ・オンダ
（メノニータス）
メキシコ
メキシコ・シティ

第一節　はじめに

本書は「聖なる共同体の人々」、すなわち、アメリカ、カナダに居住するアーミシュ（Amish）およびハッタライト（Hutterites）、そしてメキシコに展開しているメノニータス（Menonitas）[1]と呼ばれる宗教集団の人々の、今日の姿を明らかにすることを主たる目的としている。

これらの宗教集団は十六世紀の宗教改革期に発生した再洗礼派にその起源を持っている。カトリック教会や宗教改革主流派と異なる教理と実践の体系のゆえに、相続く弾圧と迫害を受け、ヨーロッパの各地に避難所を求めて移住を重ね、やがて宗教信仰の自由が保障された北アメリカに至っているのである。その間、かれらは自らの宗教的理念にもとづき、それぞれ移住先の社会において独自の排他的な共同体、いわば「聖なる共同体」を構築し、そこで伝統的な宗教的実践をはじめとして、特異な社会構造、教育制度、その他生活文化様式を展開してきている。それはどのような姿をとっているのか。また、かれらはそれが存在している社会の主要な宗教集団に吸収されることなく、長期にわたって存続している。それはいかなるメカニズムによっているのか。こうした問題と共に、とくに本書では、これらの宗教集団が長期にわたり存続し、かつ今日、繁栄の傾向をすら示している主たる要因のひとつとして、近代国家の要請する教育制度とのコンフリクトを体験しながらも、次世代の宗教的社会化に最大限の努力を傾注し、かなりの成功をおさめている姿を明らかにしていきたい。

第二節　セクト

1　宗教集団論

いかなる宗教においても、同一の宗教信仰と実践の体系を共有する人々によって、特定のグループつまり宗教集団（教団）の形成をみることができる。キリスト教においては、一〇億を超える信徒数を擁し、グローバルな組織を展開している巨大なカトリック教会もあれば、イギリスあるいはスカンジナビア諸国にみられる国家と密接な関係を持つ国教会もある。また、本書の主人公が形成している数万から十数万という小規模な宗教集団もある。こうした様々なかたちで存在している宗教集団の在り方を研究するのが、宗教社会学の一分野である宗教集団論にほかならない。「セクト」とは、宗教社会学とりわけ宗教集団論において、「教会」と対比的にとらえられた重要な類型概念なのである。

ところで、本書で取り上げる「聖なる共同体」、つまりアーミシュ、ハッタライト、メノニータスは、一般に「セクト」と呼ばれる宗教集団にカテゴライズされている。こうしたセクトにカテゴライズされる宗教集団の在り方を詳細に記述することを通して、セクトとはいかなる特徴を有する宗教集団であるのかを具体的に明らかにすることも、本書の今ひとつの目的である。

はじめに、宗教社会学における学説史から、この「教会」と「セクト」という宗教集団の類型概念について簡単に述べることにしよう。(2)

この分野での研究はマックス・ウェーバーをもって嚆矢とすることは周知のところであろう。かれはその著『プロテスタンティズムの倫理と資本主義の精神』および『プロテスタント・セクトと資本主義の精神』において、キリスト教的諸集団に関してタイプとしての「教会」とその対概念「セクト」を措定している。ことに、上記第二論文はもともと一九〇六年に『北アメリカの教会とセクト』と題して公にされたものである[3]。しかしながら、その概念規定は深い洞察を内含しているとはいえ、それがより完成された理論的体系にまで再構成されるにはエルンスト・トレルチを待たなくてはならない。

トレルチはウェーバーの概念枠組をふまえながら、さらにキリスト教的諸集団の構造にするどい分析を加えて類型的タイプを設定した。かれの大著『キリスト教会および諸集団の社会教説』において明らかにした「教会型」(Kirchen-Typus) と「セクト型」(Sekten-Typus) がそれである。かれの主要な関心事は、さまざまな形態をとって存在してきたキリスト教会および諸集団が、国家や社会秩序に対していかなる見解と評価をもち、それに対する態度、行為の体系を展開しているか、すなわち表題が示すように「社会教説」を明らかにすることにあった。この際の方法論的手続きとして、ウェーバーの線にそった宗教集団類型論を構築しているのである。

トレルチによる「セクト型」集団を、「教会型」集団との対比で、以下粗描しておこう[4]。

(一) セクト型は少数者による宗教集団であり、人格的、内面的な完全像と、またその集団成員間相互の直接的関係を得ようとつとめる。このタイプの集団では、国家あるいは既存の社会秩序は罪に染まった俗的存在にほかならず、これを回避すべきであるゆえに、無関心ないし敵対的態度をとる。したがって、大衆を受け入れるためにこれと妥協し、相互依存の関係をもつ教会型集団とは対立する。教会型が客観的救済手段であるサクラメントを強調するのに対して、セクト型では個人の主観的宗教体験が重視され、この意味での新生ないし再生体験の所有者のみによる信仰者集団を形成している。

(二) セクト型集団にみられる行為のパターンは、罪にみちたこの世を忌避するという単純な原理によっている。法律の適用、法廷での宣誓、他者への支配権の行使、兵役就任などすべての拒否にこの原理は明示される。新約聖書とりわけイエスの「山上の垂訓」をその行為パターンの理想とし、急進的な愛の共同体を形成し、宗教的平等と兄弟愛にみちた生活を営むのである。すなわち、世俗社会の文化的感化に毒されない清潔な生活という厳格な倫理性がみられる。これに対して、教会型ではその妥協の産物として、社会全般に支配的な生活規範あるいは道徳を受け入れている。

(三) 教会型にみられる組織的要素は、何よりもその本質が恩寵伝達の手段である「制度的教会」(Anstaltskirche)ということができる。個人はその中に生まれ、そのサクラメント的力のもとにおかれる。教会の伝統、サクラメント的恩寵、さらには教会法的制度の所有者として高度に発達した官僚制的構造をもつ聖職制とヒエラルヒーが成立している。これに対して、セクト型は「自由意志教会」(Gemeinschaft der Freiwilligkeit) と呼ばれるべきであり、成員は自由意志により結合している。個人は主観的宗教体験である回心と洗礼の基盤のもとに加入が承認される。ここでは制度的な組織化はほとんどみることはできず、信仰者のみによる集団構成を維持しており、「平信徒宗教」(Leienreligion)という性格が強くみられる。

上に述べた「理念型」として提起されたトレルチの類型概念は、その後のキリスト教系諸集団の分析にきわめて大きな意義と方法論を提供してきたことは否定できない事実である。しかしながら、また批判もなくはない。この二類型をもって現実のキリスト教的諸集団のすべてを包含しつくすことは不可能であるし、また、それは一定のすがたで静止しているものでもなく、歴史の中でつねに変化し流動を続けている。とくに、プロテスタントと一括される数多くの集団には、必ずしもこの二類型概念では規定しえない面も多々生じてきているのである。

こうしたトレルチに対する批判から出発するひとつの動向は、二分法的類型概念ではなく、むしろそれを連続体のそれぞれの「極」とみなす傾向である。すなわち、こうした類型概念をキリスト教的諸集団のきわだって持つ特徴群を理論的に取り出した抽象概念あるいは理念型として把握するのではなく、両類型間にみられる関係は弁証法的に連続していると理解する立場である。たとえば、十八世紀中葉のメソジスト派は、発生時においては「極としてのセクト」に近い姿を示していたが、二世紀後の二十世紀中葉におけるそれは、「極としての教会」にかなり接近した姿に変容しているとする見方である。[5]

今ひとつの動向は、数多く存在するキリスト教的諸集団、ことにプロテスタント系諸集団を類型論的に観察する場合、この二類型概念では不充分であることから、さらに細分化をしようとする試みである。たとえばアメリカの社会学者ハワード・ベッカーは、それぞれを二分して、①エクレシア（ecclesia）、②デノミネーション（denomination）、③セクト（sect）、④カルト（cult）という四種の類型概念をあげる。エクレシアはトレルチのいう教会型の特徴群とおよそ類似している。異なる点は国際的エクレシアと国民的エクレシアとに再区分していることで、前者はローマ・カトリック教会に、後者はイギリス教会などの国教会に代表されるとする。デノミネーションはセクトの発展形態であり、より拡大され形式化された集団で、セクトのような国家や社会秩序に対する敵対感はすでに失われてほとんどみられない。セクトもエクレシアの場合と同様に、トレルチのセクト型とほぼ一致する。カルトはカリスマ的指導者を中心とする、少数者によるローカルなしかも短命の未組織の集団で、存続するとすればセクトに発展する可能性を秘めている。[6]

アメリカの宗教社会学者ミルトン・インガーはさらにこのベッカーの類型論と対比させて、①ローマ・カトリック教会といった国際的エクレシアを普遍的教会（universal church）、②国民的エクレシアをエクレシア、③デノミネーション、④セクト的要素を多分に有しながらも幾分か制度化が展開している集団を制度的セクト（established sect）、⑤セクト、そして⑥カルトと分類する六種の類型概念を提唱しているのである。[7]

2 セクト

本項では、宗教集団に関する学説史的概述から離れて、われわれの当面の課題であるセクトについての考察に進むことにしよう。

上に述べたウェーバー＝トレルチ・ラインによる宗教集団の類型論をさらに展開させ、とりわけセクトに関する論考を数多く公にしているのが、イギリスの宗教社会学者ブライアン・ウィルソンである。かれによれば、セクトとは次のような特徴群を有する宗教集団であると規定している。(8)

① セクト成員の子女が両親と同じ信仰をもつ傾向は否定できないが、基本的には自発的結社である。
② 個人の業績――教理に関しての知識、回心体験の確認、よき地位にある成員の推薦など――が、セクトの権威筋により審査された上で成員として受け入れられる。
③ 排他性が強調される。成員の圧倒的な忠誠を要求し、教理的、倫理的、あるいは組織上の教説に対立する者の除名、追放がみられる。
④ 特別の光をもって選ばれた者（エリート）、集められた残存者（少数者）といった自己概念をもつ。
⑤ 個人的完全が期待される標準である。
⑥ 全信徒の祭司性がその理念として受容されている。
⑦ 高い水準での平信徒の参与がみられる。
⑧ 自己の信仰を公にする機会が成員に多く与えられ、かつそれが自発的になされる。
⑨ 世俗世界や国家に対して敵対的ないし無関心である。

このような特徴群を有する宗教集団をセクトと規定するウィルソンは、さらに、数多く存在するセクト集団の類型論を展開している。このセクト類型論に特徴的な中核的基準は、セクトが救済を求めるに際しての「世俗世界に対す

る反応」であり、この基準にもとづいて七種のセクト類型を取り出している。(9)
① 世俗世界は悪であるがゆえに、個人の回心体験を通してのみ社会的改善が期待されるとする回心主義的セクト。
② 悪である世俗世界は超自然的行為によってのみ転覆するとの主張をもつ革命主義的セクト。
③ 世俗世界から後退し共同体を形成することを通して、自らの神聖性を保つことで救済を求める内省主義的セクト。
④ 超自然的秘儀的手段の使用により、世俗世界が操作され救済を達成すると主張するマニピュレーショニスト・セクト。
⑤ 個人の救済にとり超自然的なものの異常な効用（神話や奇蹟）が可能と主張する奇蹟的セクト。
⑥ 自らを神理解にもとづく洞察力をもつ社会的良心とみなし、この良心により悪なる世俗世界を改革するとの主張をもつ改革主義的セクト。
⑦ 神の創造の基本的原理にのっとり、世俗世界の改造の基礎を求めるユートピア・セクト。

われわれが本書で取り上げようとする三つの宗教集団、アーミシュ、ハッタライトそしてメノニータスは、それがトレルチ的な理念型であれ連続体の極としてであれ、またウィルソンがあげるセクトの特徴群からみても、少なくとも理論的に構築されたセクト型宗教集団の、現存する代表的事例であるということができるであろう。

さらに、ウィルソンはこれら三宗教集団を共に③の「内省主義的セクト」（Introversionist Sect）に位置づけている。かれのいう内省主義的セクトとは、次のような特質を有するセクト群である。すなわち、人間の環境は罪に染まった悪そのものであるとして、そこから退き、この世の堕落から自らを切り離さんと試みることによって救済を求める。それゆえに、この種のセクト群の反応は人間の回心あるいは社会改革ないし社会革命にはまったく無関心であり、むしろ、この世俗世界からの隔絶によって達せられる個人的神聖性を保ち、それによって得られる保障を享受するのみである。このセクトの成員は「集められた残存者」(gathered remnant)の共同体を形成し、この共同体のみがかれらにとっての唯一の救済の場である。個人の神聖は共同体の神聖性に支配され、共同体それ自体は個人のあらゆる行為に照準を与えるのである。かれらにあっては、聖書テキストが律法となり、世俗世界から分かたれて生活する信仰者を訓戒する際にそれがきわめて重要となる。これがウィルソンのいう内省主義的セクトの特徴なのである。[10]

ところで、先に述べたインガーもまた、とくにセクトの存続性に関して、国家あるいは社会秩序に対してセクトがとる態度を基準に、「受容型」(acceptance)、「攻撃型」(aggression)、「回避型」(avoidance)の三種に分かっている。受容型セクトは容易にその社会に支配的な宗教体系に編入、吸収される可能性を持ち、攻撃型セクトはほとんど既成の権力構造によって打破され、残存した場合には第三の回避型に変質する。そして、回避型セクトは世俗的事象のすべてに無関心的態度をとり、それゆえに、前二者と比較して存続の可能性は最も高く、時間的経過と共にデノミネーションあるいは制度的セクトに展開するとしている。[11] このインガーの三類型にしたがえば、われわれが取り上げようとする三セクト集団は、第三の「回避型」に相当するといってよい。しかし、われわれの事例においては、発足当初の偶発的な出来事あるいは慣習的な実践が、長期にわたる存続のプロセスの中で固定化し、やがて制度化されるにおよび、デノミネーションというよりいわば制度的セクトという形態をとっているともいうことができるであろう。

上に述べてきたように、本書の主人公である三つの宗教集団は、ウィルソンのいう内省主義的セクトであり、またインガーにもとづいて制度的セクトに位置づけることが可能であろう。われわれはこれに加えて、「エスニック・セクト」(ethnic sect)という名称をも与えたいと考える。これらのセクト集団は、既存の宗教的組織が強固に確立し展開している社会に存在しながらも広く受容されることなく、むしろ少数派として弾圧や迫害を避けて幾度かの移住を余儀なくされた、という体験の持主である。そして、これらのセクト集団は移住のプロセスを通して、とりわけドイツ的色彩の濃厚な独自のエスニック文化を展開する、孤立した排他的な宗教=社会集団として存続してきている。

かれらは移住先の社会から可能な限り後退し、それぞれその形態には相違があるとしても、自らの神聖性を保持する共同体を構築しているのである。われわれはこのように、①外部社会から社会＝文化的に孤立した独自の社会構造を有する共同体を構築し、②エスニックな特性の濃厚な文化的パターンを強力に展開し、さらには③成員補充をその成員の子女のみに排他的に限定している、いわばエスニックな社会＝文化的集団と同一視することができる一連のセクト群に対して、「エスニック・セクト」なる名称を与えたいのである。[12]

われわれがここで取り上げるセクト集団は、まさに「エスニック・セクト」と呼んで差し支えない特性を有している。ヨーロッパのドイツ語圏において発生し、弾圧と迫害を避けて各地を転々としている間に、外部社会への同化を拒み続けて独自の共同体を形成し、それが存在する社会で特異な文化をその共同体において展開している。エスニックな文化とりわけドイツ語を保持してきており、今日においても依然として、ルター訳聖書をはじめとして讃美歌その他の宗教文献すべてはドイツ語である。日常用語にしても、若干の移住先の言語が混入しているとはいえ、基本的にはドイツ語である。また、外部社会からの加入者を認めないために、成員補充はすべて成員の子女に排他的に限定している。そして、次世代の宗教的社会化を継続的に実践することを通して、母国を離れて数百年を経過した今日においても、エスニックな文化特性を保持しつつ存続している、というより一層の発展傾向をすら示しているのである。それゆえに、これらのセクト集団は宗教集団と表現しうると同時に、エスニックな特性を強固にもつ社会＝文化的集団ともみなすことができるのである。

ともあれ、われわれは、セクトと呼ばれる宗教集団であり、またウィルソンのいう内省主義的セクトやインガーのいう制度的セクト、そしてエスニック・セクトに位置づけられ、かつそれらの典型として、アーミシュ、ハッタライト、メノニータスという北アメリカに現存する宗教集団の具体的な観察を本書で進めていくことにしたい。

ところで、これらのセクト集団は共通したルーツを持っている。すでに示唆したところでもあるが、十六世紀宗教改革期の再洗礼派がそれである。したがって、それぞれのセクト集団の動向をみる前に、まず再洗礼派について簡単に述べておこう。

第三節　再洗礼派

再洗礼派（Wiedertäufer, Anabaptists）とは、十六世紀宗教改革期のスイスにおける改革の過程で、既存の宗教的慣行をある程度保持するといった、ウルリッヒ・ツィングリなどの現実主義的改革に反対したその弟子たちのラディカル派から発し、スイス、オーストリア、南ドイツなどのドイツ語圏およびネーデルランドの諸地方に、多様な形態をとって展開した急進的宗教改革運動の総称である。カトリック教会をはじめとしてほとんどのキリスト教会が実施する幼児洗礼を否定し、成人の自覚的信仰告白にもとづく成人洗礼のみを実効あるものとし、幼児洗礼受領者にも成人してのち再度の洗礼を要求したことから、その反対者たちが「再洗礼主義者」と呼んだことにこの名称は由来している。再洗礼派は国教会制度、幼児洗礼、信仰に関する強制、兵役参加、教会至上主義のすべての放棄を主張した十六世紀の宗教的急進派とみることができよう。[13]

しかしながら、このような教理や実践がきわめて類似していたために、再洗礼派、再洗礼主義者と総称して呼ばれてはいる。しかし、たとえばジョージ・ウィリアムスが大きく、①革命的再洗礼派、②瞑想的再洗礼派、③福音的再洗礼派と三分しているように、実際には単一の宗教集団ではなく、若干の傾向を異にするいくつかの流れが存していたのである。[14]ところが、再洗礼派はかれら独自の教会生活と秩序との完全なパターンと組織を形成する前に、早くも激しい反対と残虐非道な迫害に直面しなければならなかった。すでにかれらに対する弾圧は各地でみられていたが、一五二九年シュパイヤーで開催された神聖ローマ帝国議会において、幼児洗礼の否定者はことごとく極刑に処せられる旨の布告が発せられた。この峻烈な宗教政策に、諸侯をはじめとする統治者側はもとより、カトリック教会そして新興のプロテスタント教会指導者もともに賛意を表明している。この布告をはじめとする再洗礼派に対する迫害の背後に存する主たる動機が、幼児洗礼、再洗礼の可否といった、純粋に宗教的教理にもとづくものでなかったことはいうまでもない。

時期的にみれば、再洗礼主義者と目されていたトーマス・ミュンツァーが指導し、神聖ローマ帝国内の多くの都市や農村を荒廃させ、大きな社会的混乱と危機をもたらしたドイツ農民戦争がようやく終結した直後のことである。また、熱狂的再洗礼派の一群がミュンスター市に集結して既存の諸権力と武力で対決し、「地上における神の国」を建設しようと試み、つまるところ、失敗に帰したいわゆるミュンスター事件の記憶もいまだ生々しい時である。一部の再洗礼派の革命的な争乱にもとづくこうした強烈な印象のゆえに、すべての再洗礼派は熱狂主義者、狂信主義者らには暴力主義者とみなされ、反社会的、反宗教的危険分子との烙印が押されたのである。したがって、当時の政治的支配層にとって、再洗礼派は既存の社会秩序を撹乱する不安と恐怖の源泉以外の何ものでもなかった。同時に、宗教的指導層にとっても、それは既成の教会秩序と自らの宗教的権威の否定者としてしか映らなかったのである。[15]

再洗礼派、とくに本書の主人公たちの父祖がその中に含まれる福音的再洗礼派の主張は、主に次の二つの点において、マルチン・ルターやジャン・カルヴァンといったいわゆる大宗教改革者のそれと異なっている。それはかれらの教会観とキリスト者の生活態度に関してである。キリスト教とりわけ新約聖書において基本的ともいいうる、「神の王国」と「この世の王国」という二元論的世界観にもとづき、自らを「神の王国」に属するとする再洗礼派においては、この世の王国は絶対に妥協の余地のないものとして再確認され、真のキリスト教的価値は堕落しているこの世とするどく対立するものと考えられた。[16]この具体的な論理的帰結が、教会観と生活態度という側面に明確に示されているのである。また、このことは同時に、前に述べたトレルチによる「教会型」と「セクト型」宗教集団の特質との対比という面でもみることができよう。

大宗教改革者と同様に、福音的再洗礼派においても聖書中心主義は一貫しているが、後者の場合、一層徹底した聖書本文の字句通りの解釈をもっている。ローランド・ベイントンも指摘しているように、かれらは初代キリスト教会の完全な回復を目指した。それはただ神の王国に属する真の信仰者のみから形成され、国家権力との結合をはかるどころか、むしろそれによる迫害を甘受し、軽蔑され、禁教の憂き目にあった殉教の教会にほかならなかった。かれらの理解する教会は真の信仰者のみによって形成される「信仰者の交わり」であり、それは改革者たちが主張する不可視的教会ではなく、可視的なキリスト者の集団としての教会である。それは政治権力と結合した国教会ではなく、自発的成員からなる自由教会にほかならない。すなわち、かれらは純粋な信仰者の集団としての教会の創造と形成に努力を傾注したのである。この教会こそは神の王国の地上における具現体というべきであり、神の王国の真の国民のみがこれを構成しうるとしたのである。かかる神の王国の地上における具現体としての教会であってみれば、その唯一の規範は「山上の垂訓」というイエスの教説以外に求めることはできない。かれらはそれを実践する場として、この世俗世界から分離されたこの教会において、兄弟愛の実践を徹底して試みたのである。(17)

大宗教改革者の思想と異なる第二の点は、再洗礼派による信仰者の生活態度に関する理念である。内的新生を体験し、そのしるしとしての再度の洗礼を受領した者は、それにふさわしいきわめて厳しい倫理的道徳的行為が課せられたのである。とりわけ、国家と教会との分離がかれらの厳格な教会観の論理的帰結であるとするならば、神の王国に属するかれらはこうした権力構造の中に自らが関与すること、たとえば官職および軍務への就任、国家への忠誠を公的に宣誓することなどは、たとえそれが迫害や殉教を招来するものであったとしても、敢然とそれを拒否したのである。

福音的再洗礼派は「山上の垂訓」を重視し、これの文字通りの実践を要求した。自らをこの世からきびしく隔離したかれらが、その少数者の倫理を遂行するために、集団内部の生活訓練をことのほか強調するのは当然のなりゆきというべきであろう。当時の年代記者は再洗礼派の人々について次のように記している。[18]「かれらの足どり、生活態度はきわめて敬虔かつ神聖であり、一点の非の打ちどころもない。高価な衣服を避け、豪奢な飲食を排し、粗末な衣服を身にまとい、つばの広いフェルトの帽子をかぶっていた。かれらは剣、いな短剣ですら狼が身につけるもので羊には無用であると、このような武具も手にしようとしない。誰かこの戒めを犯す者があれば、たちどころに追放されてしまう」と。

このような再洗礼派の教会観にもとづく信仰者の厳しい倫理的生活態度への要求は、教会を純粋な姿で維持し、存続させていくために、かれらにきわだった特徴的な教会員の除名追放の手続きを求めたのである。すなわち、この世的な罪にみちたすべてを拒否する清潔な生活態度、兄弟愛そして精神的のみでなく物質的な相互扶助といった初代キリスト教会の在り方を範とするかれらの厳格さは、それを犯し乱す教会員をこの世的なものとして排除し、さらにはそれとの接触をも拒否することに努めたのである。このことによってのみ、信仰共同体としての教会の純粋性と神聖性を保つことが可能となるからである。[19]

上に略述した厳格な教会観と純粋性および神聖性をすぐれた特徴とする、高度の倫理的生活態度を主張してやまない再洗礼派は、国家権力はもとより、それと密接な関係を有するカトリック教会のみでなく、さらにはルター派、カルヴァン派といったプロテスタント諸教会からの弾圧と迫害に直面しなければならなかった。主要な指導者をはじめ多くの再洗礼派信徒は次々と捕縛、投獄され、苛酷な刑によってあえない最期をとげていった。再洗礼派の多くの者たちは、「一つの町で迫害されたら、他の町へ逃げなさい」（マタイによる福音書一〇章二三節）とのイエスの教えにしたがって、ある一部の者たちはいち早く北アメリカへ、またある者たちは東ヨーロッパへと、避難所を求めて離散していったのである。

上に述べたような二元論的宗教的伝統、すなわち厳格な教会観と倫理的生活態度に立脚して、今日における再洗礼派の系を有する本書の主人公である三つのセクト型宗教集団は、世俗社会から孤立した教会共同体、「聖なる共同体」を構築し、そこにおいて成人洗礼のみを執行し、世俗社会から分離した独自の社会＝文化的体系を維持し展開しているのである。以下、それぞれの具体的な姿を、アーミシュ、ハッタライト、メノニータスの順で述べていくことにしよう。

註

（1）メノニータスは、一般に英語でメノナイト（Mennonites）あるいはドイツ語でメノニーテン（Mennoniten）と呼ばれている宗教集団の一分派である。本書で取り上げるのは、今日メキシコに居住するメノナイトの一派で、スペイン語でメノニータス（Menonitas）と呼ばれていることから、とくにこのグループを指す場合にはメノニータスを用いたい。しかし、メノナイト全般をいう場合には、メノニータスではなくメノナイトを用いることにする。

（2）拙稿「キリスト教会の類型論的研究」（『梅花女子大学文学部紀要』五、一九六八）を参照のこと。

（3）Max Weber, *Die protestantische Ethik und der Geist des Kapitalismus*, *Die protestantischen Sekten und der Geist des Kapitalismus* (Gesammelte Aufsätze zur Religionssoziologie, I).

（4）Ernst Troeltsch, *Die Soziallehren der Christlichen Kirchen und Gruppen* (Gesammelte Schriften, I). この要約は同書三六二頁以下をまとめたものである。

（5）この連続体説をとる具体的研究例として、Earl D. C. Brewer, "Sect and Church in Methodism," (*Social Forces*, 1952), あるいは John H. Chamberlayne, "From Sect to Church in British Methodism," (*British Journal of Sociology*, 1964) などをあげることができよう。

（6）Howard Becker, *Systematic Sociology*, 1932, 624-28.

（7）J. Milton Yinger, *Religion, Society and Individual*, 1957, 142-55; *Scientific Study of Religion*, 1970, 251-80.

（8）Bryan R. Wilson, "An Analysis of Sect Development," (*American Sociological Review*, 1959), 同様に、かれの *Religious Sects*, 1970（池田昭訳『セクト』一九七二）, 三四頁以下、あるいは *Religion in Sociological Perspective*, 1982, にもセクトの特徴群を記している（九一頁以下）。

(9) B. R. Wilson, "A Typology of Sects" (Roland Robertson (ed.), *Sociology of Religion*, 1969), また、かれの『セクト』にも七種のセクト類型が示されている。
(10) ウィルソン『セクト』(池田訳) 一四五頁以下参照のこと。
(11) J. M. Yinger, 1957, 155f; 1970, 270f.
(12) 拙稿「エスニック・セクト」(『哲学年報』第四〇輯、一九八一)。
(13) J. C. Menger, *The Doctrine of Mennonites*, 1952, 1.
(14) George H. Williams, *Spiritual and Anabaptist Writers*, 1957, 29f. なお、クラッセンによれば、十六世紀の再洗礼派にはおよそ二〇のグループを数えることができるという (Claus Peter Classen, "Anabaptist Sects in Sixteenth Century", *Mennonite Quarterly Review*—以下、*MQR*. と略す—, 1971, 46, 3)。
(15) 出村彰『再洗礼派』一九七〇、一〇頁。倉塚平『異端と殉教』一九七二、三〇頁。
(16) R・フリードマン (榊原巌訳)『アナバプティズムの神学』一九七五、五四頁以下。フリードマンはとくにこの二元論的世界観を、一五二七年スイスの一寒村シュライトハイムで再洗礼派によって採択された七ヶ条からなる「神の子らの兄弟的一致」(一般には「シュライトハイム信仰白書」と呼ばれている) を引用して説明している。
(17) R. H. Bainton, *The Age of Reformation*, 1960, 42, 180; D. F. Durnbaugh, *Believer's Church*, 1968, 66f.
(18) R. H. Bainton, *Reformation in Sixteenth Century*, 1960, 100f.
(19) とくに、この点に関しては「神の子らの兄弟的一致」(「シュライトハイム信仰白書」) の第二、四条に記されている (出村彰訳『宗教改革急進派』一九七二、一七七頁以下)。

第一章　アーミシュ

Kapitel 1.

Amischen

アーミシュ小学校のランチ風景（ブエナ・ヴィスタ小学校）

第一節　アーミシュ略史(1)

1　アーミシュの誕生

本書で第一にとりあげる聖なる共同体の人々はアーミシュである。今日、アメリカ合衆国およびカナダに展開しているアーミシュは、十六世紀再洗礼派の一翼を形成した「スイス兄弟団」(Schweizer Brüder)から、十七世紀末葉に分裂して生まれた宗教集団である。アーミシュという名称はこの運動の指導者ヤコープ・アンマン(Jakob Ammann)に由来している。

再洗礼派に対する苛酷な迫害のさ中に発生したこの分裂劇の主たる原因は、「忌避」(Meidung)の厳格な適用の可否ないしは適用の範囲に関する問題であった。忌避とは本来的には「この世的なものを避け分離すること」を意味し、聖書にもとづくキリスト教教理のひとつである。このことから、国家との分離あるいは社会の動きに対する敵対ないし無関心という態度が主張されてくる。さらに具体的な教会生活の場面に適用されると、教会員でありながらも戒律に違反した者に対する除名、追放の措置が実施される、というものである。

当時のスイス兄弟団では、この忌避の実践が幾分か緩やかに行なわれていた。これに対して、一六九三年にアンマンはその徹底した実践を要求したのである。たとえば、教会の戒律に違反して追放に処せられた者は、教会での聖餐の席からのみでなく、家族の日常の食卓からも忌避さるべきである、あるいは、弾圧されている再洗礼派の人々にひそかに食物や隠れ場所を提供するなど、かれらに共鳴はしても迫害を恐れて再洗礼を受領していない限り、これらの人々が救われることはありえない、などの主張であった。また、従来から年に一度執行されていた聖餐礼拝をアンマンは年に二度執行しはじめたために、論争が激化したともいわれている。

かれのこうした強硬一徹の主張に対して、激しい迫害の真只中に教会を混乱と危機とに陥れる論争を避け、むしろ現実に即した穏当な立場を主張するハンス・ライストが論敵として登場した。かれは忌避が再洗礼派の伝統的思想であると認めながらも、それは日常の食卓に関してではなく、あくまでも聖餐という宗教的領域に限定さるべきで、アンマンが主張するように社会的領域にまで拡大さるべきではないとし、その要求は非現実的で極端な形式主義に走っていると批判したのである。

しかし、アンマンはこのライストの批判に耳を貸すことなく、ますます自己の主張に固執し、出身地のベルン州をはじめラインを下ってアルザス地方の諸教会を巡回して直接審問するという強硬手段をとった。この審問に際してアンマンに同調した者たちが、つまるところ、アンマン派——のちのアーミシュ——の中核となるのである。アンマン＝ライスト両派の間に激しい憎悪と敵対意識が熾烈となり、相互に激しい語調で中傷、非難の応酬があり、大きな混乱を招くことになった。やがて、当初の興奮がしだいに冷めてくるにつれて、両派ともに感情的行き過ぎのあったことを認め、和解のための交渉が幾度となく試みられた。しかしながら、いずれの交渉においても妥協点を見出すことができず、一六九七年以降両者は別々の道を歩むことになったのである(2)。

アンマンに追従した人々の一部は、早くも一七一〇年代に北アメリカのペンシルバニア地方に移住し、今日のアメリカにおけるアーミシュ共同体の基礎を築いている。広大な土地と宗教信仰の自由が保障されたアメリカは、かれらの成長と繁栄に最上の条件を提供したからである。これに対して、ヨーロッパにおいて今日、アンマン派という名称をもち、アンマン以来の宗教的伝統を保持している宗教集団をみることはできない。その後のヨーロッパにおけるアーミシュの歴史は、まさに苦難にみちた逃避と離散の連続であった。もちろん、アメリカへの移住も行なわれているが、ヨーロッパではアメリカで展開されたような、独自の大規模な避難所を見出すことは不可能であった。営農のための土地所有という重要な課題を解決し、共同体を形成してアーミシュの人々が集団的に定住するには、ヨーロッパの宗教社会的風土、つまり再洗礼派に対する不寛容の風潮があまりにも強烈に渦巻いていたからである。

2　アメリカ・アーミシュ

新大陸のアメリカ、ことにペンシルバニアは信教の自由が他のどこよりも保障された自由の天地であった。一六八一年クェーカー教徒のウィリアム・ペンがイギリス国王チャールス二世から特許状を得て建設したこの植民地は、イギリスのみならずヨーロッパの各地から、とりわけ宗教的自由を求める人々が続々と移住してきた。アーミシュもまた迫害を逃れ、かれら固有の宗教的信念と実践の自由な表現の場を求めてペンシルバニアへと移住してきたのである。

しかしながら、かれらの移住の正確な年次はいまだ明らかではない。一七一〇年代にその第一陣が、それに続いて相当数が一七二五年から五〇年にかけて、「兄弟愛の町」フィラデルフィアに上陸したという。この時期に成立したアーミシュ共同体は、今日のアメリカ・アーミシュの中心地のひとつランカスターより幾分か北東のレディングあたりである。この一帯はイギリス人をはじめとする他の入植地とは地理的に孤立した、当時としてはフロンティアであり、こうした人々からの隔離には好条件をそなえていた。とはいえ、まさにそのことのゆえに、とりわけ先住民の格好の襲撃対象ともなっている。アーミシュの無抵抗主義信仰はこうした襲撃の犠牲をいっそう大きなものにしたといわれている。

この共同体は次々と移住してくる多くのアーミシュを受け入れ、あるいは他に送り出すなどの重要な中継基地の役割を果たしている。ヨーロッパからの移住者や新家族の増加にともない、アーミシュ居住地は隣接するランカスターなどペンシルバニアの各地に拡大されてくる。さらに、アーミシュ共同体はオハイオ州やインディアナ州にも設立され急速な発展をとげた。今日ではペンシルバニア州ランカスター郡一帯と共に、オハイオ州ホームス郡、ウェイン郡、インディアナ州エルクハート郡、ラグレンジ郡一帯は、アメリカにおける三大アーミシュ居住地を形成している。

ところが十九世紀に入りナポレオン戦争の終結と共に、ヨーロッパで離散していたアーミシュが渡米してくる。先に入植したグループより約一世紀遅れて入植をはじめたグループは、オハイオ、イリノイ、カンザスの諸州に入植した。このグループは先着グループと比較して多くの異なりがあった。ヨーロッパで各地を逃避していた約百年の間に、かなりの変化が生じたことは想像にかたくない。スイス兄弟団からの分離は主として宗教的イデオロギー上の問題に関してであり、物質文化における異なりではない。その異なりをシンボリックに表現する手段としての文化的パターンを欠いていたとすれば、仮にアーミシュという自己概念を保持したとしても、それを具体的かつ可視的に表出することは不可能である。日常的に接触をもつ他教派の人々の在り方に、いつとはなく同化されたと推定することができるであろう。

このような二つの流れのアーミシュ間にみられる相違を調整するための会議が、主として新来アーミシュからの提唱によりオハイオ州で開催の運びとなった。会議は一八六二年以降毎年開催され、「教役者会議」(Allgemeine Diener Versammlungen) の名で呼ばれた。この会議では主に旧来の伝統を固持するか、それとも若干の刷新を受け入れるかという、いわば保守と進歩をめぐる討議が焦点となっている。しかし、毎年会議を重ねて一部の問題に妥協点を見出したとはいえ、つまるところ、両者の調整や共通理念への到達とは逆の結果に終わった。すなわち、旧来の伝統的態度に固執する一群と、若干の刷新を容認する進歩的一群との対立が尖鋭化したのである。この会議は一八七八年をもって幕を閉じ、以後アメリカのアーミシュは複数の流れをとるという予期しない事態となった。会議で保守的立場に固執した一群は、会議にまったく無関心であったグループと共に「旧派」(Old Order) と呼ばれ、「新派」(New Order) と呼ばれ進歩的立場をとった群と別々の道を歩むことになるのである。

保守的態度を貫いた旧派アーミシュは、スイス兄弟団から分裂後間もなくアメリカに移住、ペンシルバニア東南部に入植したグループが主体である。母体集団に対する緊張意識と分裂の興奮がいまだ冷めやらぬ中に、アンマンの厳格な忌避の理念にもとづいて独自の共同体を構築し、その宗教的理念に立脚する生活規範の再編成に成功したグループである。本書で取り上げるアーミシュは、この保守的態度を貫いた「旧派アーミシュ」（Old Order Amish）である。

これに対して、刷新を主張し進歩的態度を採択した一群は、主に十九世紀に渡来したアーミシュである。かれらはほどなく旧派が否定してきた刷新を導入、たとえば伝道活動や日曜学校教育を開始した。旧派とは別のこうした進歩的な歩みをはじめた新派アーミシュは、最終的には一九五四年その名称から「アーミシュ」を取り去り、メノナイト教会の一部に編入されている。

このような刷新への動きは二十世紀に入っても続き、旧派アーミシュを離脱して新しい指導者のもとにグループを形成している。たとえば、ビーチー・アーミシュもその一例である。一九二七年ペンシルバニア州サマーセット郡の一アーミシュが進歩的なメノナイト教会への転会を願い出たことに端を発し、この教会員を擁護する立場をとったビーチー牧師に組する人々が旧派を離脱、新たな教会、ビーチー・アーミシュ教会を組織するに至った。ほどなく、かれらは電化製品そして黒塗りに限定したとはいえ自動車の使用を認めた。さらに礼拝専用の教会堂を有する方針をとっている。そのため旧派アーミシュが教会員の私宅で礼拝を持つことから「ハウス・アーミシュ」といわれるのに対して、ビーチー派は「チャーチ・アーミシュ」とも呼ばれている。しかし、このような現代の生活利器の使用を認めながらも、かれらは旧来の伝統のかなりの部分を保持している。たとえば衣服やあごひげは旧来の通りであるし、礼拝に際してドイツ語の使用を続けているなどである[3]。

今日、このような歴史を持つ旧派アーミシュは、アメリカ、カナダの二三州におよそ一五万と推定されている。かれらは全国的に統一された組織を形成していないがゆえに、その正確な数値は不明である[4]。

わたしが調査したアーミシュ共同体は、数ある共同体の中でも最も古い歴史を有し、およそ二万人を数える旧派アー

写真1　アーミシュ農家が点在するペンシルバニア州ランカスター郡の風景

ミシュが居住するペンシルバニア州ランカスターのそれである。アーミシュを題材にした映画『刑事ジョン・ブック 目撃者』の舞台となったところでもある。

アメリカでも有数の活気あふれる大都市フィラデルフィアから特急電車（アムトラック）で西に約一時間、喧噪の巷とはうって変わった緑なす沃野に白い農家が点在する美しいパノラマが展開してくる。アメリカの「ガーデン・スポット」といわれるランカスター一帯は近年観光地として脚光をあびている（写真1）。明媚な風光に加えて、宗教的迫害をのがれて渡来したドイツ系のセクト集団の人々が多く居住し、古いヨーロッパの生活慣行を保持しているからである。旧派アーミシュはその典型といえるだろう。かれらの生活実践は一見して、平均的アメリカ人のそれとは大きく異なっており、かれらの父祖が居住していた十八世紀のライン川上流の農村文化を、今日のアーミシュに観察することができるといわれている。

第二節　宗教的理念と実践

1　宗教的理念

われわれはアーミシュに一貫して観察される宗教的理念をまずみていくことにしよう。その第一として、かれらのうちに強く浸透している世界観の考察からはじめよう。ロバート・ベラが「宗教は個人や集団に対して、それ自体や世界についての最も一般的なモデルを提供することによって、意味と動機づけを結びつけている統御体系」と規定しているように、[5]宗教的個人ないし集団の生活スタイルは、それが持つ世界観と密接な連関を有しているのである。

キリスト教においては、とりわけパウロ主義にもとづき、世界は神の統治になる「神の王国」およびサタンが支配する「この世の王国」とに分かたれるという、二元論的世界観が重要な宗教的理念として存することは否定できないであろう。[6]この二元論的世界観が最も徹底したかたちで展開されたのは、十六世紀再洗礼派においてである。再洗礼派のこうした伝統を強固に保持しているアーミシュにあっては、この二元論的世界観が最も徹底して継承かつ主張されており、かれらのすべての論理構造の中核を構成している。かれらによれば、「神は二種類の人間、すなわち神の子と人の子つまりこの世の子を同時におこされた」のである。[7]事実、アーミシュのスイス兄弟団からの分裂に際しての論争の主要部分は、このようなこの世的要素を教会から排除し、それとの接触を一切断つこと、すなわち忌避を厳格に実践することにより、純潔なる教会を維持することにほかならなかった。

こうした徹底した二元論的世界観にもとづき、この世の王国に属する一切を忌避するという宗教的理念に固く立つアーミシュは、各教会区ごとにその生活を規制するための独自の『教会戒律』（Regel und Ordnung）を制定している。ここで『教会戒律』の一、二の例を紹介しておこう。第一に記す『キリスト教会の戒律』(Ordnung of a Christian Church) と題された戒律は、一九五〇年オハイオ州パイク郡の一教会区で採択されたものである。[8]

キリスト教会の戒律

とくにこのとき、この時代において、キリスト者のなすべき何が正しく適切であり、何が適切でないかを定めることは教会の義務であるがゆえに、われわれはキリスト教的規定、戒律を列記した小冊子出版の必要性を考えてきた。われわれは一六三二年のドルトレヒトで採択された十八ヶ条の『信仰告白』と『キリスト教会の条項と戒律』と題された小冊子[9]の、そのすべてではないがほとんどすべての条項をひとつの信仰としてこれまで告白してきた。

明るい色のけばけばしい流行の、慎しみのない絹様の衣服は許されない。赤、オレンジ、黄、ピンクのごとき色はいけない。規定で許されている衣服のスタイルのみが許される。すそが膝と床の中ほど、ないしは床から八インチ以上の短い服は許されない。長いものほど望ましい。聖書が教える慎しみ深い、動きやすい衣服を着用すべきである。靴はいかなる場合もプレインで黒色でなければならない。ハイヒールや飾りスリッパを用いてはいけない。

帽子は黒でなければならない。幅三インチ以上のつば、極端に高いものは許されない。プレスしたズボン、シャツも許されない。祈禱用キャップは質素なもので、できるだけ髪を覆うものでなければならない。絹のリボンは許されない。子供の服装も両親と同じく、みことばに適うものでなければならない。

女性は公衆の前ではショール、ボンネット、ケープを着用すべきである。エプロンをつけねばならない。カールやウェーブといった髪に飾りをつけてはいけない。

男性はあごひげをたくわえなければならない。少年も受洗後はできるだけ早くそれをならうべきである。髪を短く刈ることは許されない。少なくとも耳のところまでくること。

建物の内外には、いかなるものであれ装飾を施してはならない。派手な垣根も許されない。必要以上の家具や豪奢な品々は禁じられる。大型の鏡、彫像、装飾品としての壁掛けも用いてはならない。人形の購入も許されない。ガスや電気器具を使用してはならない。ストーヴを購入する際には黒色でなければならない。トラクターは馬耕が困難な場合にのみ許される。その際、固定エンジン、鉄輪トラクターのみが許される。空気タイヤは許されない[10]。

農業ないしそれと関連した職業のみが望ましい。都市や工場での就労は許されない。この世的な人（worldly people）のために少年少女が生家を離れて働くことは許されない。

ラジオ、トランプ、ゲーム、パーティー・ゲーム、映画、博覧会その他のこの世的娯楽（worldly amusement）は禁じられる。楽器あるいは異なった声部での歌唱［パート歌唱］は許されない。

いかなるときでも高利は許されない。政府を利する支払い、有害な団体への加入は禁じられる。保険は許されないし、写真も許されない。日曜日の商取引きは禁じられる。安息日の原則に従わなければならない。日曜日は礼拝のときだからである。

教会での告白は違反がなされた場合に行なうべきである。さもなくば、赦しを求める文書が教会に提出さるべきである。すべての公然たる罪は教会員の前で公に告白されなければならない。

この世的なものや流行の衣服を着、喫煙、飲酒をし、愚かな話や救いの不確かさを語り、その他の純正な教理に反する不実を犯し、あるいはそれらを認める他の教会と関係を持つことで、純正な教理から大きく堕落した者に対して、われわれは一切の交わりをもたない。

次にわたしがペンシルバニア州ランカスター郡で入手した一教会区の教会戒律を記しておこう。ここでは戒律は口伝であるので、友人のひとりアイザーク・バイラー氏が書いてくれたものである。

(1)　男性の服装

①　男性はあごひげをたくわえなければならない。口ひげをたくわえたり、きれいに剃ったり、そろえたりしてはいけない。

②　髪は適当に、長すぎず短かすぎない程度にすべきで、この世的な流行は許されない。

③　日曜礼拝はボタンではなくホック付きのコートを着用しなければならない。

④　教会礼拝にはフロック・コートを着用しなければならない。

⑤　教会礼拝にはヴェストを着用しなければならない。

⑥　成人も少年も幅の広いズボンを着用してはならない。

⑦　靴下は黒でなければならない。

⑧　この世的な流行にならったスリッパ、サンダル、ブーツは許されない。

⑨　腕時計や宝石類、指輪を身につけてはいけない。

⑩　帽子は黒色でなければならない。麦わら帽子も自家製以外は許されない。

(2)　女性の服装

①　コリント人への第一の手紙一一章にしたがい、いかなる時もかぶりものを着けていなければならない。

②　成人女性も少女も髪を短く切ってはならない。

③　髪は身ぎれいに束ねなければならない。

④　衣服はふくら脛の中ほど位の長さであるべきである。

⑤　ストッキングは黒でなければならない。
⑥　靴は紐つきでなければならず、派手なサンダルなどは許されない。
⑦　ケープを着用しなければならない。
⑧　人々の前ではショールやボンネットを着けなければならない。
⑨　派手なセーターは禁じられる。

(3)　農業機械

①　いかなる農業機械もゴムタイヤは禁止される。
②　麦類の収穫に際してコンバインの使用は禁止される。
③　馬がひく農業機械のみが許される。
④　いかなる動力をも用いてはならない。
⑤　自動車やトラックの使用は許されない。
⑥　電話、電化製品、テレビは許されない。
⑦　電力やディーゼルを動力とする機器の使用は禁じられる。

(4)　その他

①　ボーリング場、劇場、野球場、居酒屋といったこの世的な娯楽場への出入りは禁じられる。
②　トランプ遊び、喫煙、飲酒は禁じられる。
③　あらゆる場合に素直でなければならない。
④　この世的な団体結社と関わりをもってはいけない。
⑤　農業や大工仕事といったあらゆる生活領域で勤勉でなければならない。

⑥ この世的な工場やレストランでの労働は許されない。
⑦ 隣人や接触を求めて来る人々を愛し助けなければならない。
⑧ この世の光であり、また神を畏れる日々を過さなければならない。
⑨ 住居は質素でなければならず、華美なカーテンや不必要な家具を購入してはならない。

他の教会区の教会戒律も、一部の異なりがみられるとはいえ、上記戒律と概ね類似したもののようである。この例でも明らかなように、そこに規定されているアーミシュの生活様式は、現今のアメリカ社会全般に支配的なそれとはまったく異なった姿を示しているといえよう。この世の王国に属する一切のものを忌避するという二元論的世界観にもとづく信念の帰結するところは、ドミナントなアメリカ文化を否定して独自の特異な文化を形成することにほかならない。すなわち、アメリカ文化全般はアーミシュのこのような二元論的世界観に立脚する価値と規範の体系と矛盾するがゆえに、自らのそれと調和する独自の文化・生活様式を展開しているのである。

2　宗教的実践

(1)　教会区

アーミシュの宗教＝社会生活を中心とする生活空間は、「教会区」(Distrikt, Dale) と呼ばれる集団レベルである。教会区はアーミシュが居住する地域を川やクリーク、道路などの地理的条件で区分された区画であり、宗教上の単位であると同時にそれ自体完結した自治体でもある。前項に述べた教会戒律もこの教会区を単位にして制定されている。隔週に開催される説教礼拝、洗礼式、結婚式、葬儀などはすべて教会区の機能であり、教会区がひとつの教会 (congregation) を形成している。その規模は一般的に、個人の家屋または納屋で開催される礼拝に収容可能な人数、および馬車による出席可能な距離という二つの条件によっているという。およそ三〇家族、一七〇名前後の人々から構成されている。現在、アメリカ全体で千近くの教会区を数えることができる。

教会区にはこれを統括する牧師（Bischoff, Völliger Diener）、説教者（Diener zum Buch）および執事（Deakon, Armen Diener）と呼ばれる教役者がくじ引きで選出されている。牧師は上に述べた諸儀式を主宰し、教会員全員の助言を得て戒律違反の教会員の追放、教会復帰を宣言し、教役者を任命するなど、すべての権威をもつ教会区最高の役職者である。説教者の主たる任務は礼拝での説教を担当し、牧師を補佐することにある。各教会区には二名の説教者が選出されており、交互に説教に当たる。いわゆる神学的訓練を受けていないかれらにとり、月に一回程度の説教とはいえその準備は大変だという。説教原稿をみての説教は許されないからである。執事は教会区で執行されるすべての儀式の準備、教会員に対する配慮、とりわけ洗礼志願者への助言、追放に処せられた者との接触、生活困窮者への援助など多くの役割が与えられている。かれらはすべて農民信徒であり、八年制小学校を卒えたにすぎないし、特別な神学教育を受けた専職的教役者でもない。まさに、セクト型宗教集団の特徴のひとつとして、トレルチがあげる「平信徒宗教」の姿をここにみることができる。女性がこの任に就くことは許されない。しかし、アーミシュ教会にはランカスター郡、ペンシルバニア州といった地域的組織、ましてや全アメリカ的な組織はいまだ形成されていない、というよりその必要性すら認めていないのである。

ともあれ、これらの教役者はアーミシュ信仰と伝統的生活様式の最も積極的な擁護者であり、共同体統合のシンボル的存在でなければならない。とくに牧師はアーミシュ教会区最高の地位、権威そして権能が与えられており、宗教的垂範者であるのみならず、最も重要な社会的指導者でもある。教会区の全成員が教役者を全面的に支持し、全幅の信頼を寄せている姿をみることができる。

(2)　説教礼拝

アーミシュ・ライフの中で最も重要かつ深く浸透している宗教的実践は、隔週の日曜日に開催される説教礼拝である。礼拝は教会員の私宅または納屋で順番制で開かれる。かれらは教会堂を持たないからである。このため教会堂を有する進歩派のビーチー・アーミシュが「チャーチ・アーミシュ」と呼ばれるのに対して、旧派アーミシュは「ハウス・アーミシュ」と呼ばれたりする。このアーミシュの慣行は他のキリスト教諸教派の礼拝が毎週日曜日に、しかも特定の礼拝専用建物で開催されるのといちじるしい異なりを示している。かつて、かれらの父祖がヨーロッパで迫害のゆえに、毎週礼拝を開催することができなかったこと、またかれらが教会を除名されたために教会堂を持ちえず、秘密裡にしか礼拝を持ちえなかったことに由来する、というのがアーミシュの説明である。

説教礼拝の前日、会場に定められた教会員宅に、教会区所有の教会ワゴン（荷馬車）でベンチおよび『アウスブント』（Ausbund）と呼ばれる讃美歌集が運びこまれ、執事指揮のもとに準備万端が整えられる。家の内外の清掃から礼拝後の会食の支度に至るまで多忙をきわめる。近隣の者や親族が手伝いに集まるとはいえ、当家の主婦の役割はことのほか大変だという。アーミシュの家屋はいたって大きな造作であり、折りたたみの壁板を取り除くとひとつの大きな部屋となり、百数十名を超える出席者の収容が可能である。住宅に収容しえない場合や夏の酷暑期には、アーミシュ特有の大型納屋が使用される。

ここで、わたしが出席したランカスターの一教会区の説教礼拝について記しておこう。

この日の朝七時三〇分、友人のエライ・バイラー氏宅から会場のズーク氏宅に馬車で向かった。馬車は予想に反して意外と乗心地はよい。後部シートにはバイラー夫人と子供が乗っている。ズーク氏宅に近づくにつれて、いつの間にか馬車の行列は長くなる。到着すると数名の少年が慣れた手つきで馬を馬車から離し、馬小屋あるいは杭につなぎ、礼拝の間馬の世話をする。到着した人々は男女別に挨拶を交し、談笑しながら開会を待っている。

時間がきて屋内に入り、男女別々のベンチに腰かける。この背なしベンチは長時間座していると、いささか疲労を感じさせる粗末なものである。静かに開会を待っていると、やがて導唱者（Vorsinger）が日課表[11]にしたがって開会の讃美歌を唱いはじめる。各教会では数名の導唱者を選んでいるが、かれらは公的な教役者には数えられない。オルガンといった伴奏楽器は使用が禁じられている。この時、前面中央部に座していた教役者たちは別室に退き、教役者会（Abrath）を持つ。ここで教会区内に問題があれば論じられ、当日の礼拝の順序などが決められるという。ついで第二の讃美歌が唱われる。教役者はこの頃に再び会場に姿を現わすのである。

アーミシュの礼拝は説教を中心に構成されているといってよい。かれらが「説教礼拝」（Predigtgemeinde）という通りである。三時間余にわたる礼拝のうち、二時間以上は完全に説教である。説教者による開会説教、牧師による主説教、再度説教者による感話がわたしの出席した時の説教であった。

Ausbund
das ist:
Etliche schöne
Christliche Lieder,
Wie sie in dem Gefängnis zu Passau in dem Schloß von den Schweizer-Brüdern und von anderen rechtgläubigen Christen hin und her gedichtet worden.
Allen und jeden Christen,
Welcher Religion sie seien, unpartheiisch sehr nützlich.
Nebst einem Anhang von sechs Liedern.
13. Auflage.
Verlag von den Amischen Gemeinden in Lancaster County, Pa.
1973.

写真2　『アウスブント』の扉

この礼拝では説教、祈禱、聖書、讃美歌のすべてはドイツ語である。ドイツ語はまさにかれらの宗教用語なのである。聖書はルター訳が用いられている。かれらの讃美歌『アウスブント』（写真2）は、一五三六年から一五四〇年にかけてバイエルンのパッサウ城の牢獄に幽閉されていたスイス兄弟団の人々の作になるという。もちろん、歌詞だけで楽譜は印刷されていない。ほとんどの歌詞は、この世における悲惨さや試練と信仰者にとっての究極的勝利の確信がうたわれている。メロディの多くはゆっくりとした短調であり、ヨーロッパでの苛酷な迫害の日々を追憶するかのようなメランコリックな響きを持っている。導唱者が唱う第一シラブルに続いて会衆が斉唱するアーミシュの歌唱形式は、グレゴリオ聖歌の応唱にも似て興味深い。パート歌唱は禁じられている。

説教礼拝には教会区内のほとんど全員が、伝統的衣服に身をつつんで出席する。したがって、アーミシュの教会出席率は百パーセントに近いといってよい。乳幼児は静かに親に抱かれたり、床にしかれた乾草に横になったり眠ったりしている。アーミシュは前に述べたように隔週に礼拝が開かれるので、自らの教会区礼拝がない日曜日には、多くの者とりわけ篤信の者は近隣教会区の礼拝に出席する傾向があるという。

ともかく、かれらは二週間それぞれの農業労働をはじめとする自らの日常的業務にはげみ、この日曜日の礼拝に生活のリズムと活力とを求め、成員相互の交わりを深くするのである。とくに殉教者の筆になる讃美歌を共に唱い、神に選ばれた牧師、説教者の説教に耳を傾むけ、共に祈るのである。さらに、礼拝後には出席者全員が昼食を共にする。礼拝の前後はアーミシュ共同体の出来事を知り合う情報交換のひと時でもあり、共同体のとくに知人友人の消息に接する絶好の機会でもあるという。

昼食後すぐに家路につく者はまずいない。老若男女は共にしばしの歓談をし、とくに若者は遊びのグループを形成して時を過ごす。男性は木陰や納屋の一隅で、女性は屋内でそれぞれ語り合い、子供たちは近くの放牧場で遊びに興じている。しばらくして、ほとんどの教会員は家路につくか、あるいは親族や友人宅の訪問に出かける。pzooka とよばれるこの訪問は、かれらの数少ない楽しみのひとつだという。若者は夕方の「歌の会」（Singen）が同じ場所で開かれる場合はそのまま残ったり、服を整えるために帰宅したりする。歌の会には他教会区の若者も参集し、かれらに配偶者選択の絶好の機会を提供する。

この朝早くからはじまる一連の宗教的行為が、アーミシュ個人の信仰を涵養するのに有益なことはもちろんであるが、さらに信仰共同体への共属意識を一層強固なものにするのである。すなわち、すべての者が父なる神のもとにひとつの家族に結合される、つまり儀礼的親族という連帯感情を産み出し、共同体の内的統合に大きく機能しているということができるであろう。

次に、アーミシュ教会における主要な宗教儀礼のいくつかを簡単に紹介しておこう。

(3)　洗礼式

アーミシュにとり重要な宗教儀礼のひとつは洗礼である。他のキリスト教会においても、洗礼が重視されることは否定できないが、アーミシュでは洗礼が単に教会加入という意味を持つだけではない。それは少年期から成人期へ移行する一種の通過儀礼とみることができる。洗礼によってアーミシュ教会のメンバーシップが認められるのみでなく、アーミシュ共同体においてもひとりの独立した人格としての地位と、それにふさわしい役割遂行が許されまた期待されるからである。この意味で、洗礼式は共同体への入社式（initiation ceremony）の性格をも有しているといえよう。

再洗礼派の名称が由来するその最も特徴的な伝統にしたがい、アーミシュは幼児洗礼を否定して成人洗礼のみを有効とする。したがって、新生児に洗礼を授けることはない。青年たちには教役者が説教で、あるいは執事が個人的に洗礼を勧める。青年は両親、共同体そして教会の期待に応えて進んで洗礼をうけるのが通例という。

アーミシュは伝道活動をしないために、外部からの加入は皆無である。たとえ加入希望者があったとしても、かれらはそれを認めない。それゆえに、アーミシュ青年の受洗のみが成員補充の唯一の方策なのである。アーミシュは子供の教育にはことのほか熱心ということができる。しかしそれはのちに述べるように、かれらが通常の学校教育を重視しているわけでない。家族における宗教教育をはじめ子供の訓育は両親の最も重要な義務であるとされ、学校教育はそれを補佐するにすぎないのである。子供は幼少時より両親に伴われて礼拝に出席する。あらゆる機会、場所で両親は自らを範として子供に示し、聖書、祈禱、教会戒律その他必要とされるその生活法の基本を教えるのである。

春の説教礼拝ののち、洗礼志願の若者たちのために特別クラスが設けられ、教役者が信仰告白、教会戒律に関する指導を続ける。信仰告白は一六三二年に採択された『ドルトレヒト信仰告白』が取り上げられる。教会戒律は伝統的には口伝方式であるために、教会員となることがそれを完全に知る唯一の方法である。かれらは自己の教会区の戒律に精通し、その遵守に忠実でなければならない。

特別の教育期間が終り、教会員全員の一致した承認を得ることができれば、秋の説教礼拝の特定の日に洗礼礼拝開催の公示がなされる。洗礼式当日の教役者会には洗礼志願者も出席、教役者から最後の助言が与えられる。さらに、教会の諸規定と実践に完全に服従しえないと危惧を持つ場合には、受洗を取り消す最後の機会ともなるのである。

洗礼式は説教礼拝の中で執行される。志願者は牧師の指示で前に進み出てひざまずく。牧師の一、二の質問に答えたのち、牧師はスイス兄弟団の祈禱書と伝えられる『真摯なキリスト者の責務』から洗礼に際しての祈りを朗読し、志願者への授洗に移る。アーミシュの洗礼は頭部に水をそそぐ滴礼方式である。

もちろん、洗礼はひとりのキリスト者としてその生涯を送る決意の表明である。アーミシュの場合、それに加えて洗礼に先立つ予備的質問の中に、教会戒律に完全に服従するとの誓約が含まれている。「なんじは教会戒律を守り、主のことばと教会の教えに従って、それが正しく運営されるように助け、受け入れた真理によって生活し、主の助けを得て生きかつ死することを約束するか」がそれである。この問に対して志願者は神と教会員の前で「然り」と答えなければならない。[12] このことは、かれが以前にもまして教会戒律に定められている行為パターン、すなわちアーミシュ共同体に伝統的な行為様式のすべてを厳格に遵守する完全な同調者となることを意味するのである。

(4)　戒律礼拝と聖餐礼拝

次に重要な宗教儀礼は戒律礼拝（Ordnungsgemeinde）と聖餐礼拝（Abendmahl）である。この両者はとくに密接な関係を持つ儀礼ということができる。かれらアーミシュの理解するところによれば、聖餐は教会員を聖なる紐帯で結合せしめる、いわば教会の一致を表現するシンボルでもある。教会で長期にわたり聖餐式が執行されないということは、教会に重大な難問や解決に時間を要する内紛が存することを意味する。聖餐式が執行される直前の説教礼拝は「戒律礼拝」と呼ばれ、教会員全員が一致と調和のうちに陪餐することを可能にする、聖餐準備のための特別礼拝である。教会員間にいさかいがあれば和解が、教会戒律の違反者があればその告白と悔悛が求められる。ある場合には赦しが与えられ、ある場合には忌避追放が宣言されるのである。したがって、戒律礼拝は一種の教会法廷とでもいうことができるであろう。

違反者の罪状がいたって軽微の場合には、神と教会員に対して率直に前非を悔い赦しを懇願し、再度の違反を重ねない旨確約する。全員の承認を得れば、かれは赦されて次の聖餐礼拝に出席することが可能となる。しかし、その罪過があまりにも大きく、共同体自体に重大な脅威を与えると判断される場合、あるいは頑固にその非を認めない場合には、全会一致で忌避追放を決定するのが通例である。牧師がその旨を宣言すれば、かれはその瞬間から「この世的なもの」「神と人とを拒絶したもの」とみなされ、聖餐式からの除外のみでなく、一切の社会関係からも絶たれるのである。まさに忌避にほかならず一種の社会的追放といえよう。共同体成員はかれと何ひとつ交渉を持つことが許されない。家族における食事も別卓である。農作業に関する必要最小限の会話が許されるのみである。前非を悔い教会復帰の願い出を勧告する執事が、かれとの接触を許される唯一の人物なのである。

忌避追放が宣言された際の異様な光景について次のような報告をみることができる(13)。

教会メンバーの追放はおそろしく儀式ばった方法で行なわれる。追放さるべき者が前列に引き出される。緊張した空気が家全体にみなぎる。悲しげに青ざめた婦人の頬を涙がとめどなく流れおちる。無骨でいかめしい面がまえの男たちが顔をひきつらせている。

やがて牧師が立ちあがり、目には涙をさえ浮べながら、かれが罪過を認めたこと、したがって、教会の交わりからかれを除外し、悪魔とそのすべての天使に委ねることを重々しい口調で宣言した。そして、すべての教会員に対し忌避をきびしく実行するように、ことのほか強く勧告した。

忌避追放のペナルティに処せられた者はアーミシュ共同体における生活の基盤を失うという耐え難い現実に直面しなければならない。かれがその中に育ち、また慣れ親しんだ親密さと温かさを特徴とする、この小さな共同体に張りめぐらされた相互関係のネットワークは、もはやかれにとりまったく関係のないものとなってしまうのである。今や、かれはアーミシュ共同体においてはアウト・カーストにほかならない。もし、かれが教会復帰が許されないまま死亡するとすれば、来るべき栄光の世においてもアウト・カーストのままなのである。

忌避追放に処せられた者のとりうる道は、前非を悔いて教会復帰を願い出るか、さもなければアーミシュとの関係を一切絶ってしまうかのいずれかである。前者の場合、執事を通して牧師にその旨を願い出て教会員の一致した承認が得られれば、ただちに教会復帰が許される。後者の場合、中西部諸州のいくつかの教会区では無抵抗主義信仰を持つ他のキリスト教教派（たとえばメノナイト教会）への転出であれば、忌避をもはや厳格に適用すべきでないとの見解もみられるという。しかしながら、このこと自体すでにアンマンの伝統からの逸脱といわざるをえない。教会復帰を強硬に拒む者の多くは、より進歩的なビーチー・アーミシュあるいは保守的なメノナイト派に加入する傾向を示しているといわれている。(14)

忌避追放は教会戒律に対する重大な逸脱の動きへの、強力な歯止めとして作用しているといってよい。非アーミシュの快適かつ合理的な生活を目前にするアーミシュが、それに関心を抱くのは当然であるだろう。しかしながら、非アーミシュと同一水準の生活を願うアーミシュの存在は、その伝統的生活様式のみならず、アーミシュ特有の強固な連帯性、共同体の内的統合に重大な脅威をもたらすことになる。それゆえに、自動車や電化製品などの現代文明の所産の使用を願う成員を、集団的に忌避追放に処するのである。かくして、忌避追放は一方では逸脱メンバーに誨悛と改善に導く矯正をもたらし、他方では伝統的生活様式を維持し、成員が外部世界の魅力ある文化に関与するのを防止するという、二重の機能を果たしているということができるのである。

戒律礼拝の次の説教礼拝では、教会員全員の一致と調和のうちに聖餐礼拝が執行される。この日曜日は通常の礼拝に比して極端に厳粛でなければならない。篤信の陪餐者は朝食をとらないという。説教に続いて、牧師はパンとブドウ酒を配る。聖餐式の執行は牧師のみに与えられている権能である。たまたま訪問していた他教会区の牧師が手伝うこともあるという。陪餐者は起立してパンを受け取りただちに口に入れて着席する。ブドウ酒は牧師が聖杯を陪餐者にまわす。陪餐者はそれを受け取り一口飲んで席につく。アーミシュでは聖餐は「キリストの苦難と死」を記念する儀式と考えられている。

聖餐式ののち洗足式（Fußwaschen）が行なわれる。キリストが弟子の足を洗ったとの故事にもとづくこの儀式は、他のほとんどのキリスト教諸教派では実践されていない。アンマンの導入とも伝えられており、アーミシュの特筆すべき儀礼のひとつである。男女別々に組を作り相互に足を洗いあう。ひとりが座し他のひとりがその前にひざまずいて足を洗いタオルで拭く。ふたりが相互に洗い終えると立ち上り、神の祝福を祈りあうのである。

二週前の戒律礼拝において、教会員の一致と調和を再確認したのちに開かれる聖餐式と洗足式は、朝九時から午後三時過ぎまで続くこの特別礼拝の中核的部分といえよう。牧師、説教者による説教を通して、それぞれの成員は自らの宗教信仰に確信をいだき、その確信の上に立ってひとつのパンを食し、ひとつの杯よりブドウ酒を飲むことで、同一の信仰的確信に結合された兄弟姉妹としての連帯と共属の意識をさらに強固なものとする。さらに、洗足をもって相互に仕え助けあうことをも再確認するのである。こうした一連の儀礼的行為の実践は、アーミシュ共同体の統合のみでなく、アーミシュがこれまで残存し、そしてこれからも存続していくためにも、欠くことのできない要素であるといわなければならないであろう。

第三節　文化特性

1　社会文化的孤立

アーミシュの人々は前に例示したような教会戒律に強く規制された生活を営んでいる。極度に徹底した二元論的世界観を持ち、神の王国に属するとの自己概念を有するアーミシュは、自己の集団成員を「われわれと同じ人々」(unser Satt Leit) と呼ぶ一方で、非アーミシュを「違う人々」(anner Satt Leit)、または「エングリッシャー」(Englischer) と呼ぶ。この場合、必ずしも文字通りのイギリス人ではなく、フランス人、スペイン人あるいはメソジスト派、バプテスト派の人々といった、ともかく「非アーミシュ」と同義のニュアンスを持っている。このように、かれらは内集団と外集団、「われわれ集団」と「かれら集団」との間に明白な一線を画し、それとの接触を避けるべく最大限の努力を重ねているのである。その具体的なすがたを示しておこう。

非アーミシュとの通婚は固く禁じられる。かかる婚姻があった場合には、当事者は忌避の対象となる。非アーミシュと席を並べて教育を受ける公立小学校、高等学校、ましてや大学などの高等教育も禁じられる。アーミシュの教育に関してはのちに節を改めて詳細に述べたい。アーミシュのほとんどは農民であるが、農民組合といった団体結社への加入、非アーミシュ経営の生命保険、火災保険の契約を結ぶことも許されない。

これに代わるものとして、死亡、事故、病気といった予期しない出来事が生じた場合には、教会区の執事の采配のもとに、当該家族の農作業などの一切について共同体の責任において援助を怠らない。まさにスタートせんとしている若き農民に、農場購入資金を無利子または低利で貸し与え、農具、家畜、種子などを贈ってその門出を祝う。かれらにとり、若き農民への惜しみない援助は最大の美徳に数えられており、相互に助け合うことはなすべき当然の義務とされている。

ほとんどすべての共同体において、火災その他による建物被害にそなえて一種の集団保障制度を展開している。これは「アーミシュ扶助計画」(Amish Aid Plan)と呼ばれている。ある扶助計画の前文には「この計画は神を畏れるわれわれが、キリストの教理に対するわれわれの信仰および信念と両立しないと思われる旧来のやり方、あるいは保険に代わって、またパウロが教える『信仰のない人々と一緒の不釣合いな軛』を避けるために、さらに財産の無益な支出を避けるために設立したものである」と記されている[15]。

この扶助計画の運用方法を納屋が焼失した場合を一例にみてみよう。まず罹災者と教会がそれぞれ代理人を指定する。この二名の代理人が合意の上で第三者を指名し、かれが公平な立場で損害額を算定する。この損害額の評価が受け入れられると、執事が教会員の中からその評価額に応じて基金を徴収する委員を指名する。集められた基金は主に再建資材購入に用いられる。再建のための労働に対して支払われる報酬はほとんどない。教会区のあるいは周辺の人々が労働奉仕をするからである。多くの人々が集まって働くアーミシュの納屋建設(barn raising)はよく知られている[16]。

アーミシュはとりわけ国家との関係を能う限り回避しなければならない。合衆国市民として、租税は「カイザルのものはカイザルへ」とのイエスの教説にしたがって納めるべきであり、市民の最小限の義務とみなしている。しかし、連邦はもとより州、郡などの選挙や行政機関主催の一切の公的行事には参加しない。また、この原則から政府が支給する年金や各種助成金も決して受け取らない。行政機関の官職に就任しないのも当然のことである。

絶対平和主義の立場から、アーミシュは一貫して良心的兵役拒否の態度を堅持している。独立戦争時にはペンシルバニアで兵役拒否をしたために逮捕者が続出、法廷で死刑の宣告を受けた事例もある。しかし、この地の改革派教会

写真3　アーミシュ唯一の交通手段の馬車

牧師の執り成しで減刑措置が講じられたという。[17]一八六五年第四回教役者会議に宛てた一牧師の書簡は、南北戦争に際しての徹底した兵役拒否のみならず、兵役免除のための代償金の支払いの拒否をも、聖書の実例をあげて強調している。[18]さらに、かれらは自衛権についてすらこれを肯定する聖書的根拠を持たないと否定する。かれらはイエスの教え、とくにマタイによる福音書一〇章二三節に従い、敵意に直面すると市民として法的に保障された権利を行使することなく、新たな土地への移住をあえて辞さない。このことはかれらの歴史が物語っている。[19]

アーミシュの人々に許されている唯一の職種は農業である。大工、石工、鍛冶工といった農業と関連した一部の職種は許されるが、都市部における労働、工場、企業、ましてや政府機関での就労は絶対に容認されない。しかし、唯一公認職種である農業労働に際しても、アメリカの他の農場で一般的にひろく使用されている自動車、トラック、コンバインその他の高性能な大型農業機械の使用も禁じられている。前に記したオハイオ州アーミシュの教会戒律が示しているように、中西部の一部アーミシュ共同体では、鉄輪という条件つきで小

写真4　アーミシュ農家のたたずまい

型トラクターの使用を認める進歩的傾向がないわけでない。ランカスター・アーミシュにおいてはいかなる形であれ、トラクターは厳禁されている。

同じく交通手段もまた、アメリカ社会に広くみられる自動車ではなく、規定された構造と色彩の馬車のみに限定されている（写真3）。とくに、この自動車所有および運転はこの世的行為の典型として固く禁じられており、違反者には忌避追放の措置が講じられる。

アーミシュの服装もまた特異であり、前に記した教会戒律に示されるように、アメリカ人全般にみられるそれとはまったく異なっている。ともかく、自家製の柄模様のないしかも伝統に規定されたスタイルの服の着用のみが許される。外出に際して、男性はボタンでなくホックの黒い上着およびチョッキを着用し、つばの広い黒の帽子を、女性は黒のボンネットにエプロンを着ける。時折、ランカスター市内でみかけるアーミシュ女性は、あたかもカトリックの修道女のごとき観を与えている。貴金属、宝石のたぐいもかれらが決して身につけないものである。

非アーミシュの服飾界にみられる流行の推移がはげしく、

また華美を追い求めてやまない状況と比較して、アーミシュのそれはいたって質素であるのみならず、過去数世紀にわたりほとんど変化していない。このことはかれらが自らは移り変わりのめまぐるしい刹那主義優先の「この世の王国」に属さないとの信念、人間のみがみることのできる物質的ないし外面的なものにではなく、神のみが知りうる内面的なもの、そして永遠の真理にのみ関わっている自己を示そうとしている、と解することができるであろう。

　家庭内では一切の電化製品の使用が禁止される。電化製品もまた自動車と共にこの世的なものの典型とみなされているからである。都市ガス、水道共にタブーである。電灯の代わりに石油ランプが使用される。最近ではプロパンガスのランプも導入され、シューという音が幾分か気にはなるが、石油ランプより明るい。風車または水車を利用して汲み揚げられた井戸水が使用される。電線が引かれておらず、家屋や大型納屋のそばに風車の鉄塔が建てられている農家のたたずまい、これがアーミシュの住居の最も特徴的な風物詩ということができる（写真4）。

　外部社会の動向を伝え文化的衝動に強力な刺激的作用をもたらすと考えられる新聞や雑誌、ラジオやテレビといったメディアもまた禁止されている。かれらが定期的に購読する情報源は、オハイオ州で発行されているアーミシュ週刊紙『バジェット』（*The Budget*）、カナダ・オンタリオ州のパスウェイ出版社の『ファミリー・ライフ』（*Family Life*）、ランカスター・アーミシュによる『ダイアリー』（*Diary*）などの月刊誌である。これらの記事はすべて各地の通信員による近況報告であり、天候、農事、礼拝開催場所と説教者、個人消息などが主たる内容である。『ダイアリー』主筆のジョセフ・バイラー牧師によるアーミシュ史は、内部者による執筆だけに興味深い。

2　宗教農業複合体

　前項で述べたように、アーミシュでは農業およびそれと関連する一部の職種以外は禁じられている。それゆえに、農業はアーミシュ共同体のメンバーシップに必須の要件といってよい。アメリカで屈指のすぐれた農民との評価を得ているかれらの農業は、神と聖書が認可する唯一の職業として、とくにかれらの積極的関心と価値を構成している。聖書的職業としての農業へのかれらの頑ななまでの執着の理由として、ヨーロッパで都市部を追われ、僻村の小農ないし貧農階級に属して農業のみで生計を維持し、やがてその逆境を克服してすぐれた農業技術の所有者となった歴史的背景をあげなければならない。他方、都市部における労働と比較して、農業がこの世的なものとの接触の機会を極度に抑制することが可能な職種であること、したがって、農業がかれらの宗教的理念にもとづく生活法の展開に、最上の条件を備えた職種であることも指摘さるべきであろう。

かくして、農業の基盤である農場所有がすべてのアーミシュの、他の何物にもまさる一致した願望なのである。かれらの場合、のちに述べる共有財産制をとるハッタライトとは異なり、私有財産制を採用しており、農地を所有する自作農のかたちである。長時間労働にいそしみ、自家製の質素な衣服を身にまとい、この世的な一切の娯楽を慎み、さらには高額な農業機械の使用を禁ずる自給自足的禁欲生活は、農場取得に懸命となっている若き農民が早い時期に農場を購入するのを可能にしている。かれらにとり、金銭は若干の生活必需品購入とこの農場購入に際して必要な価値を持つにすぎないという。

このようにして自らの農場を得たアーミシュ農民は、家族あげての農業活動を通して、かれらの宗教信仰の正当性を立証すべく精力的に農業労働に献身する。神の定めである農村的生活様式に従うことが神に嘉せられる唯一の道であるとすれば、かれらが農業において成功をおさめなければならないのは当然である。万一それに失敗するとすれば、そのこと自体神を瀆すことにほかならない。経済的成功を通してかれらの宗教信仰の正しさを証明すること、これがかれらの農業労働への基本的動機づけともいうことができよう。まさに、ウェーバーが指摘する「心理的起動力」あるいは「エートス」ということができよう。[20]このことに関してはのちの節で再度とりあげたい。他方、かれらの農業における成功は、かれらが聖書に忠実に従っているがゆえに与えられる、神からの祝福の姿のひとつともみなされているのである。[21]
以上のことから、ひとつには、アーミシュは字句通り解釈された聖書、とりわけ二元論的世界観にもとづく「この世的なもの」の忌避と、今ひとつには、外部世界に対する忌避の可能性に最上の条件を有する農業を中核とする、いわば「宗教＝農業複合体」（religio-agricultural complex）と呼びうる価値と規範の体系を持つ特徴的な文化形態を展開している、ということができるのである。一方において、その宗教的理念は成員のエネルギーを経済的成功のみでなく、現世を越えたところで与えられる永遠の報酬をも保障する農業へのひたむきな献身に方向づける。他方では、農業への献身労働は宗教的理念と相反する外部世界との接触や諸活動から成員を後退させ、その限界内にとどまらせるのに強力に作用する。かくして、宗教と農業とが相互補完的にアーミシュの日常的生活法を強固に規制しているのである。つけ加えていえば、後述のハッタライトおよびメキシコのメノニータスといった再洗礼派系の集団においても、この「宗教＝農業複合体」と呼びうる価値と規範の体系を観察することができるのである。

第四節　家族の構造と機能

1　家　族

アーミシュは外部社会の出来事に対して相対的に関心を示さないし、またそこでの活動は極端なまでに制約されている。そのために共同体内部でおこるあらゆる出来事に対してことのほか大きな関心を寄せており、中でも結婚はまさに特筆すべき出来事といってよい。それは共同体にとり新しい家族の誕生にほかならないし、新生児の誕生と並んで共に祝福さるべき喜びの出来事だからである。新夫婦が教会区内に居住することになれば、説教礼拝の開催場所が増えることにもなり、何よりもアーミシュ生活を継承する次世代を産み育てる今ひとつのかけがえのない家族となるからである。

アーミシュの婚姻は必ず宗教的内婚でなければならない。非アーミシュをすべて忌避するからである。この規定のためにかれらの配偶者選択範囲はいちじるしく限定されたものとなっている。(22) 必ずしも同一共同体である必要はないが、他の共同体さらには遠方の他州の共同体との接触がさほど多くないかれらにとり、実質的な通婚圏は馬車による交通が可能な、隣接したいくつかの教会区で構成されているといえる。適齢期の若者にとり配偶者選択の絶好の機会は、日曜の夕方に礼拝が開かれた家で催される「歌の会」である。未婚の男女が教会区の境界を越えて集まる接触の場であり、結婚相手を見出す一般的な手だてとなっている。

特定の相手が決まり結婚の意志が固まると、仲人役の執事にその旨を伝える。執事は女性宅を訪れて本人の意思確認をし両親に同意を求める。執事はこの結果を牧師に報告、次の説教礼拝の折に教会員に公表する。全員の同意が得られれば、挙式の日取りを発表する。結婚式は伝統的に十月下旬から十一月上旬の木曜日が選ばれる。とくに宗教的理由があるわけではなく、農作業がさほど多忙でないために、全共同体的規模で参列し祝福できるからだ、という。

アーミシュ家族が厳格な一夫一妻制であることはいうまでもない。家族内では夫が強大な権威をもち、家父長的ともいえる傾向がいちじるしく観察される。たとえば訪問者に接する場合、夫がほとんど対応し、妻はその傍らに座して交わされる会話を静かに聞くか、かれらをもてなすために台所で食事の支度をするかである。それぞれの家族において若干の程度の差がないわけでないが、家族内のあらゆる決定は夫に属しているという。

家族における性による仕事の分担はきわめて明白である。農場経営あるいは公的な事柄は夫の管轄であり、毎朝行なわれる家族礼拝や食事時の祈りといった宗教行事やドイツ語教育も夫の責任である。妻に定められた仕事を手助けする夫は稀であるという。妻は家事全般を司る。子供の世話、炊事、洗濯、衣服調達、保存食料の製作、そして菜園作りなどである。もちろん、収穫期など農作業が多忙となれば、夫の領域の作業にも参加する。

相互の信頼の上に築きあげられたアーミシュの結婚生活はきわめて安定した姿を示し、離婚や別居の例をきくことはない。かれらの場合、例外なしに類似したというより同一の背景をもつ男女により家族生活が営まれている。その宗教的理念にもとづき非アーミシュとの婚姻は固く禁じられ、実質的な通婚圏は隣接した教会区に限定されている。長年にわたるこうした地域的にも限定された宗教的内婚は、つまるところ、家族間の直接的関係と血縁的紐帯によってひとつの大きな家族集団を形成することにもなる。さらに、このプロセスを通して、この大規模集団はひとつの共同体とも考えられるに至るのである。[23] こうした強固な連帯性と凝集性のネットワークの中に、それぞれの家族は位置しており、結婚生活の安定性もこうした社会構造によって強く支持されているのである。

このように形成された新しい家族には、やがて子供が誕生することになる。新たに生を得た幼児は、その家族のみならず共同体全体からも最大級の祝福をもって迎えられる。アーミシュほど周囲の多くの人々から祝福される人生のスタートはないといわれる。神の賜物である新生児はほどなく家畜の世話係、皿洗いから農民あるいは主婦へと成長し、共同体および教会のかけがえのない一員となり、神の王国の世継ぎとして共に親密な相互関係を結ぶものとなるからである。

アーミシュ共同体において、子供の数の多さはとくにめずらしいことではない。わたし自身、子供数が二二名という家族に出会ったことがある。平均出生数が六・九名、一〇名以上が全体の二〇パーセントという数字が物語るように、きわめて高い出生率である。[24] この高出生率の要因として「生めよ、ふえよ、地に満ちよ」(創世記一章二八節)との神の命にしたがって、多産に積極的価値がおかれていること、産児制限が罪であると厳禁されていること、農業にもとづく家族経済が大世帯の維持に好都合であることなどが指摘されよう。

他の多くの社会にみられる通過儀礼のひとつ、誕生に関する儀礼的慣行をアーミシュで観察することはできない。家族に新たな一員が加わることは家族のみならず、共同体の一致した願望と期待であり、最も慶賀すべきことではある。しかし、かれらは再洗礼派の伝統にしたがい幼児洗礼を否定するために、誕生間もない幼児に洗礼を授けることはしない。かれらが洗礼によって教会と公的関係を持つようになるのは、家族と共同体を通してアーミシュの伝統的生活法を充分に訓育され身につけたのちのことである。

新たに生を得た幼児に与えられる名前も興味をひかれる点である。それは聖書に由来しており、アメリカ社会でよく聞く Williams, Charles, George あるいは Elizabeth のごとき[25]はまったく見出せない。John, Amos, David あるいは Mary, Sarah, Naomi など、八つの男性名と七つの女性名がほとんどである。かれらは生後間もなく、両親、共同体、教会が期待し、将来かれらが占める地位と果たす役割を象徴する聖書的名前（Biblical name）が与えられるのである。

2　家族の宗教的社会化

アーミシュ家族は基礎的社会化にきわめて効果的な機関として機能しており、すべてアーミシュの伝統的生活法に子供を成長させる方向にセットされている。その生活法に忠実な共同体と教会メンバーに子供を訓育し社会化することと、このことが両親に委ねられた最も重要な義務なのである。幼少時から子供は自らが外部世界の人々とあらゆる点で異なっていることを学ぶ。そして、かれらが家族内におけるまた共同体内における自己の地位を確認し、それにふさわしい役割をいかに遂行するか、さらに近隣の外部社会が持つ価値と規範の体系に対してもいかに対応すべきかを理解し、アーミシュの伝統的な軌道を体得するに至るのである。かれらは一般の幼児が着用する子ども用の衣服も、所有する玩具も与えられることはない。かれらに許される地平はいちじるしく局限されたアーミシュ世界のみである。しかし、もはやかれらは「何故にそうなのか」を問うこともなく、むしろその異なりに誇りをすら感じとるという。[26]

アーミシュ教会は家族集団が子供にドイツ語教育を実施することを期待している。日常用語はペンシルバニア・ダッ

写真5　農耕にいそしむアーミシュの少年

チという幾分か変形しているドイツ語に英語が混入した方言であるが、宗教生活はすべてドイツ語によっているからである。のちに教育の項でもふれることになるが、説教礼拝をはじめとして、聖書、讃美歌その他の宗教文献はすべてドイツ語である。主として父親が、ときには隠居している祖父母が教師となり、聖書をテキストに発音や綴りを教える。小学校でもドイツ語教育は行なわれるとはいえ、家族でのドイツ語教育は重要視されている。

アーミシュの主要な宗教儀礼は教会区ないし共同体レベルの機能とされるが、宗教教育に関しての家族の機能は看過できない。ことに日曜学校を開設することなく、また幼稚園などによる幼児教育を否定するかれらにあっては、この側面で家族の果たす役割はきわめて大きいものがある。ここでも両親はすぐれた教師であり、あらゆる宗教的徳目の教師でなければならない。聖書、祈禱書の朗読、ときには讃美歌よりなる家庭礼拝を司り、子供に教会戒律を聞かせるのも父親である。両親は子供に何よりもアーミシュ信仰の基本を教えなければならないのである。[27] それは両親にとり最も喜ばしい神の委託にほかならない、と受けとめられている。この世的なもの忌避をはじめとするアーミシュの教え、聖書的規範、徳目を学習するのは、他のどこよりもまず第一に家族においてなのである。

子供に勤勉な労働と責任感を涵養することも、また両親に課せられた責務である。子供が四歳になれば両親の手伝いが求められ、就学年齢になるとある程度の責任ある仕事が与えられる。たとえば、少年には鶏に餌を与え、卵を集めたり、仔牛を飼育したり、馬の運動のごときがまかされる。少女には母親の仕事の一部が委ねられ、調理法、食料保存法その他家事の方法を体得する。一〇歳ともなれば、農場や菜園での農作業を助け、自分自身の作物や家畜の世話をし、毎朝夕二度の搾乳の手伝いをするなど農業を愛好する方向へ成長するのに益するところが大きい。ともかく、農場では父親が、台所では母親が教師なのである。子供に適当な仕事を与えることのできない両親が、よき両親とみなされることはありえないという[28]。

学齢期に達すると子供はアーミシュ小学校に通学する。のちに述べるように、アーミシュでは各教会区に私立の単級小学校を設置しており、このアーミシュ小学校で八年間学ぶのである。小学校教育を終えると、かれらは早くも肉体的には一人前の若者として遇される。近い将来に洗礼を受け、結婚すべき者としての地位と役割が与えられ、成人メンバーたるべきフルタイムの実習期間がはじまる（写真5）。かれらは一般に生家、親族あるいは知人の農場で農業労働に従事し、自己の農場と家族を持つのに充分な資金の蓄積に精を出す。やがては両親の援助をも得て農場を取得して独立した農民となることが期待される。娘たちは熟達した一家の主婦となることが期待され、母親を補佐して家事や菜園作りなど軽度の農作業に従事する。

ところで、アーミシュ小学校児童は、このような家族をどのようにみているのであろうか。わたしはランカスター郡の一アーミシュ小学校において、児童に「わたしの家」と題して絵を描かせた。バックによる描画テスト（House-Tree-Person Test　バックが考案した家屋・樹木・人物を描かせるパーソナリティ・テスト）を通して家族関係を観察する目的からである。[29] かれらの絵は全般的に日本の児童画に比して平板的であり、遠近ないし通景がなく陰影もない。しかしその絵は大型の母屋、納屋、サイロ、農道といった農場的環境の全体を「わたしの家」と同一視する傾向を示している。家屋の一部あるいは内部を「わたしの家」とする描写はまったくみられない。

とくに興味をひいたことは、外部世界に対する緊張ないし警戒心が顕著にみられたことである。家屋の輪郭線がくっきりと強く引かれていること、ブラインドをおろした窓、閉じた戸などである。「筆圧がいちじるしく強い線によって外界との境界を強調するものは、精神分裂症初期の患者にみられる」との所見[30]に該当すると思われるものすらみられたのである。とはいえ、小学校の児童たちの活発な姿からは自閉症的な児童はひとりも観察することはできなかった。さらには、家族関係がきわめて良好であり、満足すべき状態にあることを児童画は物語っている。家屋を下から見上げる描き方、屋内に明りが灯っていることなどである。とくにこの家屋内のあたたかさは女子児童の絵に多くみられた。

わたしは次に「将来何になりたいか」を「文章完成テスト」で書かせてみた。男子児童一五名中一四名が回答したが、農民一一名、屠殺業二名、店主一名であった。この一四名の回答がその父親の職種と完全に一致していることに、わたしは驚きを禁じえなかったのである。屠殺業志望の二名は兄弟で、祖父の代から農業を兼ねた屠殺業であり、その絵にも母屋、大型納屋と並んで屠殺場が描かれている。店主志望の父親も農機具販売の兼業農家である。農民志望の一一名の父親が農民であることはいうまでもない。

女子児童一三名中一一名が回答を寄せたが、農民の妻五名、教師四名、店主一名、母親一名であった。この場合、農民の妻志望五名の父親はもちろん農民である。教師志望少女の四名の父親は、それぞれ農機具販売兼業農家（店主志望少年の父）、養鶏業、トレーラー工場従業員であり、農業はひとりにすぎない。

このように、男子児童は圧倒的に農民となることを望んでおり、しかもその志望は父親の職種と完全に一致しているのは興味深い。少女においても農民の妻が多く、とくに若い一時期につとめる教師を志望する少女が専業農家の子供でないという点も面白い。ともあれ、アーミシュ児童においてはかれらが置かれている家族関係は良好で満足しており、また将来の志望が父親の職種により大きく左右されている事実を知るのである。

3　老人支配社会

アーミシュのライフ・サイクルも興味をひかれる点である。スミスによれば、アーミシュの平均結婚年齢は男性二二・二歳、女性二〇・八歳であり、第一子誕生は男性二三・六歳、女性二一・五歳である。そして第一子の結婚時には父親が四二歳から四四歳、母親が四〇歳から四二歳、末子の結婚時には父親五三歳から五五歳、母親五一歳から五三歳である。また初孫の誕生時は四〇歳代の前半であると次のように述べる。「アーミシュはより早くスタートし、長期にわたり出産を続け、子供はいち早く結婚して自らの家族を形成するので、第三世代が早く誕生する。第一子が結婚しても、両親が依然出産を続けているアーミシュ家族はよくみかける」と。(31)

アーミシュの場合、その末子が結婚して独立すると、ほとんどの両親は隠居する慣行を持っている。それまで営々と耕作にいそしんできた農場を末子に譲るのである。兄たちは自らが蓄積した資金に加えて親の援助を得て、すでに農場を取得して独立を果たしている。そこで末子が独立した農民として巣立つために、父親は自らが長年耕作してきた農場を末子に譲って隠居するのである。この両親の隠居と農場の末子への譲渡という慣行はアーミシュにきわだった特徴のひとつに数えることができるであろう。それと共に、この末子相続と隠居という慣行は、ただ単に当該家族の経済上の問題だけでなく、アーミシュ共同体それ自体にとってもきわめて大きな意義を持つ慣行ということができるのである。

隠居した両親はそれまで住んでいた母屋に隣接したグロスダディ・ハウスと呼ばれる一室ないし小家屋に居住する。

もちろん、かれらは末子家族と共に年齢に応じた軽度の農作業は続ける。かくして、農場での積極的かつ主導的な農業活動からは隠退したとはいえ、経験に富む両親が依然として農場内に起居するので、若い世代は多くの恩恵を受けることになる。それは単に農場の経営管理といった経済的側面のみでなく、孫たちの伝統的訓育をふくむ確固たる宗教的信念の涵養と維持、ひいては共同体全体の伝統に忠実なあり方にも大きな力となるのである。他方、両親も万一の場合には末子に世話を依頼しうるばかりでなく、長年住み慣れた農場に起居できるので、ことさらに新しい環境や慣習に適応する必要もない。かれらは隠退したとはいえ、日々接してきた自然的社会的環境が確保され、従来と変わらない影響力を行使しうる地位にとどまることができるのである。

アーミシュにおいて、この末子への相続譲渡が明確なかたち、たとえば教会戒律などで規定されているわけではない。ましてや宗教的意味が賦与されているとも思われない。このことを問うと、かれらはただ「伝統」であると答えるのみである。この末子相続（譲渡）が現実に即した生活の知恵として慣習的に成立したものであるのか、それともかれらの父祖が居住していたライン川上流地方における古い伝統[32]に由来するものであるのか、この点に関してはいまだ断定するに至っていない。

アーミシュ共同体は老人支配が顕著にみられる社会といってよい。アーミシュの人々は老人に対して尊敬のみでなく権威をも与えている。理論や学識よりも実際的経験にもとづく知恵を重要視するかれらにあっては、長い人生航路を生き抜いてきた老人に、尊敬のみならず権威をも与えるのは当然のことであろう。このことは同時に、生活のあらゆる側面において老人による支配と規制を受けることをも意味する。宗教的理念はもとよりアーミシュ共同体の伝統的生活慣行は、隠退したとはいえ、同じ共同体に居住し続けるかれら老人によって保障されているといっても過言ではない。とりわけ、変化を求め刷新に魅力を感じている若者たちの行状は、かれらによる厳重な監視をうけチェックされるのである。

アーミシュ共同体に特徴的な血縁的社会構造と意識とは、ことのほかこの老人層による共同体のコントロールに好条件を提供しているといえよう。老人が血縁集団のすべての若者の性格を、さらには日常的な諸問題から人生全般にわたる事柄に至るまで助言関係を通して指導し、伝統的なひとつのパターンに塑りあげる際に果たす役割はいたって大きいものがある。アーミシュのような閉鎖的で孤立した共同体においては、開放的で大規模な共同体と比較して、多くの直接的社会統制を可能にしており、その主役はとりわけ老人層なのである。この老人に対する尊敬と服従は、とくに共同体における宗教的指導性に関して強く浸透していると思われる。高齢の教役者の発言が年若くして選出された教役者のそれを抑えて、より権威あるものとして重用される傾向に、多分にこの事実を物語っているということができるであろう。

第五節　学校教育

1　教育観

社会が有する文化ないし伝統を次世代に伝達し、子供の社会化に必要とされる基本的知識を教授すること、および子供の知力を育成しその能力を開発、伸長することが、広く一般にみられる教育の意義ということができるであろう。この目的に沿うべく近現代のほとんどすべての社会において、国家の責任で学校教育とりわけ初等あるいは中等の義務教育機関を設置、運営しているのは周知のところである。そこでは、国家行政機関が規定した有資格教師による、同じく行政機関が制定した教育基準ないしカリキュラムに従った教育が実施されている。

ところで、アーミシュの人々のすべては、小学校を終えただけのいたって低い教育レベルを示している。しかし、ある意味からすれば、かれらほど教育にいちじるしく熱心な人々はいないといわなければならない。かれらの子供は何よりもまず神に、ついで教会に、そして第三に両親に属するとの信念を有している。したがって、神の賜物である子供の教育はまず家族においてなさるべきであり、それを補足するものとして教会ないし共同体に帰せらるべき課題とみなしている。

アーミシュにおいて、最も重要視される教育の意義はその宗教文化の伝達にほかならない。それは両親も幼き日に伝達されたアーミシュ固有の生活法を次世代に伝達するということである。あらゆる機会を通して、両親は自らを範として聖書、祈禱あるいは教会戒律を子供に教え、日曜日の説教礼拝には家族全員で出席する。このように、かれらは子供がひとりの農民、主婦として教会と共同体からの期待に沿うことができる、すぐれて責任と義務を遂行できる人物に養育するのである。この家族という教育の場の足らざるところを補うのが学校という公的な場にほかならない。社会生活にとって必要最小限の学校教育、とりわけ読み、書き、算数の能力を身につけさせる目的で、十八世紀中葉に早くもアメリカ・アーミシュの牧師ヤコブ・ヘルツラーが、今日のアーミシュ小学校の原型ともいえる単級小学校設立のために努力を重ねたことが伝えられている。[33]

このようにみてくると、教育の今ひとつの機能ともいうべき子供の能力を育成し、その能力を開発し伸長するという点に関して、アーミシュはこれを決して認めないことが明らかであろう。というより、子供のニーズにかなった教育は、その基本的な生活法にとり有害であるとさえ考えている。かかる教育はアーミシュの伝統的文化に対する致命的なコンフリクトを子供に生ぜしめ、かれらをそれからの逸脱と刷新の方向へと走らせ、やがてはアーミシュ信仰そのものを失わしめる危険性を多分に含み持つと考えるからである。いずれにしろ、アーミシュは子供をアーミシュとして訓育するために、その伝統的文化の伝達にのみ教育の意義を認めているのである。

あるアーミシュ指導者が語る次の言葉は、かれらのこのような教育観を適切に表現していると思われる。[34]

われわれは読み、書き、算数という基本的な技能、神と自然に対する情感、勤勉と他者への愛の実践を、子供たちに訓育することに深い関心を払ってきた。両親と一緒に労働することにより、あるいは自ら体験することにより、かれらが書物や大学教育によって得られる以上の、すぐれた精神を発揮できると確信している。われわれは、この世の人々のように、大学に学ばなければ能力ある人になれないと考える人々を、むしろ軽蔑するものである。たしなみのある生活を送り、助けを必要としている隣人の重荷を担い、共同体の宝ともいうべき家族をおこし、神と人との平和のうちに生活できる人こそ、最も大切なことを学んだ人なのである。このような人こそ、最高の教育を受けた人ということができるであろう。神と人との平和を持ちえない教育が、いったいどのような価値を持っているというのだろうか。

従来、上に述べたような独自の教育観を持ちつつ、アーミシュは私設の単級小学校、および小規模学区制をとる公立の農村単級小学校による初等教育のみを容認しかつ実践してきた。ところが、近年こうした小規模学区制による公立単級小学校を整理統合して、中規模学区制による小学校設立の動きが各州でみられるようになってきた。全アメリカの単級小学校は一九三〇年度の一四三、〇〇〇校から、一九五七年度には二五、〇〇〇校と大幅に減少してきている。しかも、四七、〇〇〇を数える全学区のうち一二、六〇〇校はこうした小規模学区であるが、その単級小学校在籍生徒はわずか二パーセント弱であるにすぎない(35)。ペンシルバニア州ランカスター郡の事例をとってみても、一時期四〇〇を数えた公立単級小学校は各町（township）一校宛の公立小学校に統合され、一九七四年にはわずか三校を残すまでに激減しており、今日ではすべて廃校となっている。

小規模学区を整理統合した、中規模学区制による統合小学校の持つメリットとして、多くの利点を列挙することができるであろう。たとえば、アメリカの農村社会学者チャールス・ルーミスたちが挙げる利点は次のごときものでである。[36]

①　効率のよい財政運営が期待される。

②　高給によるすぐれた教師の任用が可能となる。

③　充分な教育機具の導入とすぐれたカリキュラムの実施が期待される。

④　教科別教師による専門教育と学年制学級編成教育が可能である。

⑤　地域社会と密着した教育が期待される。

⑥　州の教育当局と直結する将来の展望を持つ学校運営が可能である。

しかしながら、これらルーミスたちが列挙している諸点は、たしかに非アーミシュの立場からみれば利点であるとしても、アーミシュ側からみれば決して利点・長所ということはできない。この世的なものを忌避し、伝統的文化にことのほか固執するかれらにとり、その生活法とは相容れない短所以外の何物でもない。この理由で統合小学校への子供の通学を拒否したために、多くのアーミシュの父親が投獄や罰金刑に処せられたのである。

こうした事情から、アーミシュはかつてヘルツラーが設立したアーミシュ小学校を範とする単級小学校を、自らの財政的負担において設立、運営するに至ったのである。二〇〇一年現在、全米に一、二五三校のアーミシュ小学校が設けられており、助手をふくむ一、八〇八名の教師が教壇に立ち、三三、八六六名の児童が在籍している。ランカスター・アーミシュの場合、一六四の単級小学校に四、一二五名の児童が在籍、一七七名の教師が教育を担当している。ちなみに、一校当たり二五・二名の児童が在籍し、教師一人当たり二三・三名の児童である。[37]

2　アーミシュ小学校

わたしはランカスター郡内のいくつかのアーミシュ小学校を訪ねてみた。しかし、どの小学校でも玄関払いとでもいうべきか、一歩たりとも校舎内に足を踏み入れることはできなかった。外部からの訪問者に固く門を閉ざしている感が強くみられた。そこで、友人のアーミシュに紹介方を依頼し、その結果、リンダ・ズーク先生担当のブエナ・ヴィスタ小学校を訪ねることとなり、始業時から授業風景を参観することができた。また、ランカスター・アーミシュの指導的牧師で学校委員のひとりでもあったジョセフ・バイラー氏、および同牧師の紹介によるクレアビュー小学校の経験に富むサロマ・ラップ先生との面談を通して、アーミシュ小学校に関する多くのインフォメーションを得ることができた。バイラー牧師からは一九五〇年、州政府との義務教育に関する論争に際して公にされた「学校出席に関する旧派アーミシュ牧師による宣言」の写しの提供をうけた。(38)

ところで、アーミシュ自身が小学校を設立するとなれば、当然のことながら、かれら自身の手によって解決されなければならない多くの問題、とりわけ州の文部当局とのコンフリクトを含む問題が続出することになる。以下、その主たる問題点とそれに対するかれらの解決策を、上述の資料などをもとに述べていくことにしよう。

その前に、わたしが訪ねることができたブエナ・ヴィスタ小学校の様子を簡単に述べておこう。屋根に小さな鐘楼が設けられた平屋建ての校舎は、他のアーミシュ小学校とほとんど同じ構造である（写真6）。周辺の公立小学校と比べると、まったく貧弱としか表現のしようがない教室がひとつの小学校である。便所は校庭の一隅に設けられている。単級小学校であるので教室もひとつ、ひとりの教師が一年生から八年生までを担当している。教卓の上には鐘楼の鐘につながる紐が下がっており、始業時や休み時間の終了を告げる際に教師は鐘を鳴らして合図する。教師養成用のテキスト『学校の鐘は鳴る』（*School Bells Ringing*）はこの鐘を意味している。

教室の正面、もっとも児童の目につきやすいところに、「何事も人からしてほしいと望むことは人々にもその通りにしなさい」とのモットーが掲げられている。教師は児童にこれを暗記させるなどしてその実践に心を配るのである。こうしたモットーは個人主義の基盤に立つ利己心と競争心を排除し、自己主張よりも他者への配慮、キリスト教的愛と協調の精神を強調する言葉が、とくに聖書の中から選ばれている。[39]

アーミシュ小学校ではまったく競争がないとはいえないにしても、児童すべての成績が共同性を発揮することによって向上するようにセットされていると思われる。とりわけ、学校規模の小ささと各学年の混在は、この点できわめて有効に作動しているといえよう。すなわち、それぞれの児童が充分な理解に達するまで、教師あるいは他の児童とくに上級生の助力を得て、たとえ時間をかけてでも勤勉な努力を積み重ねる教育法が実践されているのである。たとえば、ラップ先生は「よくできる九九人の子供より、できないひとりのためにわたしたちは多くの時間をかける」と、イエスの「迷える一匹の子羊のたとえ」（マタイによる福音書一八章一〇節―一四節）を用いて説明した。また、わたしはブエナ・ヴィスタ小学校の授業中面白い光景に出会った。ズーク先生が三、四年の中学年生を教えている間、上級生が下級生の机に寄りそって綴りや筆記法を手をとりながら教えるというものである（写真7）。休み時間には全員が、鉄棒やブランコといった遊具は何ひとつなく、さほど広くもない校庭で活発に遊び回っていた。昼休みには男女児童一緒にソフトボールに興じていたが、この場合も、上級生が全員参加できるように指示をし、下級生を上手に分けてチーム編成すると、下級生は素直にそれに従うという姿もみられた（写真6）。

それでは、こうしたアーミシュ小学校児童は、自らが通学している小学校に対してどのような感じを抱いているのであろうか。「文章完成テスト」による設問「学校は」についてのかれらの回答によれば、小学校に対して積極的評価を与えたものは皆無であった。とくに男子児童には「とてもひどいところ」や「とても退屈」といった回答例をふくむマイナス評価が一五名中五名であった。女子児童も「小さい」「六月に終業」「家から近い」といった、どちらかといえば中立的ないしマイナスと思われる評価である。将来の志望に「教師」と記しながらも、小学校にあまり関心を示しているとは考えられない回答もあった。おそらく、自らの伝統を生かしながらも州の文部当局の要請を甘受する、いくらか妥協に近いかたちでのアーミシュ小学校の在り方、しかしながら、実質的には小学校教育よりも家族内

写真 6　ソフトボールに興じる児童（ブエナ・ヴィスタ小学校）

写真 7　下級生を教える上級生（同小学校）

における実際的体験的教育を重視する、アーミシュの親たちの教育観と小学校に対する姿勢そのものを、この児童の回答は反映しているのではないかと考えられるのである。

3 学校教育に関する諸問題

(1) 運営経費

第一の問題は小学校設立とその運営に要する費用の大きな負担である。アーミシュは今日、広い教会区は二校の場合もあるが、一般には各教会区ごとに小学校を設置している。教会区はランカスター郡の場合、平均四平方マイル(約一〇平方キロメートル)ほどであり、徒歩による通学が可能な範囲であるという。小学校が比較的至近の距離にあれば、公立小学校が実施している通学バスに依存する必要もなく、子供はつねに親の監視のもとにおかれ、農業技術や家事全般を習得するのに好都合であり、農民としての成長が期待されるからである。

小学校用地あるいは校舎建築に要する費用はすべて教会区内の全家族の負担である。統合のために廃校となったかつての公立単級小学校を買収したり、教会員から校地の寄贈を受け、そこに多数の教会員の労働奉仕による校舎新築の方法がとられている。質素な木造校舎とはいえ、かなりの費用が必要となる。平均して四〇戸弱の各教会区でこれを支弁するとなると、それぞれの家族に割り当てられる負担額も相当の額にのぼるという。さらに、小学校の維持経費もかなりの額である。単級小学校であるので教師はひとりであり、教師給も公立小学校教師と比較すれば半額以下の低給与とはいえ、教師給、教材費、校舎維持費などの通常経費も、教会区家族の均等の負担である。このようにかなりの額にのぼる自己負担をあえて辞することなく、また州政府による私立学校助成金の受領を拒絶して、自らの教育理念にしたがって、自らの手で自らの子供の学校教育を実現しているのである。

(2) 就学年限・教育内容

第二の問題は就学年限および教育内容に関してである。これらの問題は州の文部当局とのコンフリクトの要因ともなっている。

就学年限に関して、アーミシュは八年制で充分だとの信念をもっている。アーミシュ牧師による『宣言』では次のように述べている。「われわれは子供たちが小学校の八年間をすごすまでに充分な学校教育を得られていると信じている」（第三項）、また「農業および家事という職種は、小学校を越えた教育を必要としない。われわれの体験は、初等教育を越えた学校のわれわれの子供が、その正しい発達とこの職種での訓練を妨げられていることを、われわれに教えている」（第六項）と。さらには、「われわれは一四歳を越えて教室で多くの時間を費やすことは怠惰であり、霊的ときには身体的福祉をも考慮しない、少ない肉体労働を要求するタイプの職種に従事させる傾向をもち、教化に役立たないものと不正にかかわるだけであると信じる」（第一一項）と。

学校教育の八年を終えると、少年は父親と共に農作業に従事し農業技術を、少女は母親から家事全般を見習ってその生活法を身につける。かれらは学校で教授される理論的知識よりも、実際的体験を通して習得した知恵を重視する傾向を持っているからである。『宣言』はこの点に関して「われわれは農業や家事を、本から学ぶよりもそれを行うことによって、より実際的に学ぶことができると信じる。それゆえに、農場および台所は最上の教室なのである」（第七項）と述べる。

しかし、大部分の州で近年高等学校教育を義務制としており、このため多くの州で深刻なコンフリクトが続出した。[40]ペンシルバニア州では一九五五年に、「ペンシルバニア・ポリシー」[41]と呼ばれる、牧師指導による二年制の定時制職業学校を設立する案が、州とアーミシュ間に成立し、罰金刑や入獄の犠牲をまで払ったこの修学年限に関する難問に解決策を見出している。この職業学校は少年少女が農場や家庭で従事した仕事の内容をレポートに記入して教会区牧師に提出する、といったものである。アーミシュの強い要請にかなり譲歩した、形式的とすら思える実体のない学校である。このペンシルバニア・ポリシーは、その後オハイオ州などアーミシュが多く居住する州においても採用されている。

小学校の教育内容については、すでに述べたように、読み、書き、算数のいわゆる3R's Educationのみをアーミシュは求めている。『宣言』によれば、「われわれは子供たちが小学校で与えられる学科目で教育される必要のあることを信じる。とくに、われわれは子供たちが、読み、書き、算数ができるように教育さるべきであると信じる」（第二項）という。しかし、カリキュラムに関する州当局の指示にしたがい、英語、保健、唱歌、歴史、地理をも教えている。農業を教える小学校もあるという。州の指示にもかかわらず、自然科学的知識を教えないのは特筆さるべきである。保健で人体の生理構造に若干ふれることもあるが、自然科学（science）は進化論を基礎にしているがゆえに、神の創造を信じるかれらはそれを教えないという。

アーミシュ小学校に特徴的な教科はドイツ語である。アーミシュ信仰はドイツ語と密接に結合しており、日常用語がペンシルバニア・ダッチであるのに対して、ドイツ語はまさに宗教用語である。小学校教師は時おり教役者の助力を求めることがあるというが、原則としてドイツ語教育の能力の所有者でなければならない。小学校卒業者はすべてドイツ語で聖書をはじめとする宗教文献を読み、かつ語る能力が期待されており、八年間の小学校教育を終了する時にはその期待に応えているという。『宣言』においても、「ドイツ語を使用することは、われわれの宗教信仰と実践である。この宗教信仰と実践にしたがって、われわれの説教および教会礼拝はドイツ語でなされる。われわれの書物や宗教文献はドイツ語で印刷されている」と、ドイツ語教育の必要性を主張しているのである（第一二項）。

しかしながら、アーミシュ小学校ではいわゆる教科目としての宗教教育を、とくに実施しているわけではない。聖書解釈は神の召命をうけた牧師、説教者の責務であり、小学校教師にはその任が委ねられていないとの信念によっている。アーミシュ共同体においては、宗教信仰と実践がその生活法の中核を占めており、すべての生活領域に浸透しているがゆえに、それはカリキュラム上のすべての教科に直接的あるいは間接的にふくまれている。前に記したように、教室の正面には聖句がモットーとして掲げられ、日々暗記すべき聖句が黒板に書き記されるなど、教室の雰囲気もいちじるしく宗教的である。したがって、独立したひとつの教科としてことさらに教えるべき必要もないのであろう。

(3)　教師資格

アーミシュ小学校にとり最も特徴的といえる問題は教師に関しての問題である。その伝統的な生活法に固執し、それと密接に結合したアーミシュ小学校が、公立統合小学校に対抗する方法として設置されているのであれば、この小学校で教育の任に当たる教師はどのような人物であるのか。

アーミシュにとり、大学を卒業し州政府認可の教育免許を有する有資格教師が、アーミシュ小学校のすぐれた教師となりうるとはまったく考えない。かれらが求める教師の要件は大学卒の有資格者ではなく、アーミシュ信仰に固く立ち、教会戒律をきびしく遵守し、勤勉、謙譲、服従、他者への愛といったアーミシュの徳目を、模範として自らを児童に明示するものである、ということである。したがって、アーミシュ教師にとり最も重要な課題は、自らの生活法とその教育内容とが完全に一致したものでなければならないことである。いいかえるならば、教師は児童との日常的な親密な接触を通して、自らを模範的なアーミシュとしてかれらに示し、かれらの教育に当たらなければならないということである。教師は伝統的なアーミシュの生活法に同調する自らの信仰や行動様式、価値体系への同一化に加えて、年長者として経験を重ねた自らが、多くのことを児童よりも的確に理解しているいわば児童の牧者であり、教会と共同体からの責務を委ねられた成人でもある。この意味で、教師は児童にとってのすぐれた「役割モデル」であるといえるであろう。

こうした教師像にもとづいて、アーミシュはその共同体の牧師によって構成された学校委員会で、とくに評判のいいすぐれた青年、ランカスター郡の場合は女子青年を教師候補として選出し、一年から二年の間見習いとして養成しその任に当たらせる。ランカスターでは教師のすべては未婚女性であるが、オハイオ州やインディアナ州などでは男女、既婚未婚は問わないという。もちろん、かれらもまた八年制アーミシュ小学校出身者であり、州の教育法の基準に照らせばまったくの無資格教師といわなければならない。ペンシルバニア州ではこれが特例として認められているが、中西部の諸州では、私立学校教師資格の規定が設けられ、アーミシュ教師は通信教育などによって公的資格の取得が必要になっているという。

ランカスター郡における教師養成法は、学校委員のひとりであったジョセフ・バイラー牧師によれば次のごとくである。

まず、学校委員会が教師に最適と判断した女子青年を選び出して教師就任方を依頼する。これは教役者の任命と同じく神の選びと考えられている。これに同意した女子青年はこの地で定評ある経験豊かな教師のもとで、一、二年間補助教師または見習い教師を体験したのち、教師が退職して欠員の小学校に赴任が求められる。さらに、かの女らは定期的に開催される地区または郡の、そして毎年夏期に開催される全国の教師集会で研修にはげむのである。アーミシュにおいては、全米を網羅した規模はもとより、州あるいは郡単位ですら教会の組織化はまったく形成されていないにもかかわらず、教師の組織化がある程度試みられているのは興味深いところである。教師養成用の出版物、たとえば *Tips of Teachers*、前に述べた *School Bells Ringing* などが出版されているし、教師対象の月刊誌 *Blackboard Bulletin* はほとんどの教師によって購読されているという。

すでに述べたように、アーミシュ小学校教師には、公立小学校教師と比較してかなり低額の俸給しか支払われないが、かれらは報酬をほとんど問題にしないという。その大部分は農家の出身であり、ある程度まで生活が保障されているのも事実である。また、雇用期間を記した契約書もない。ただ神の選びであるがゆえにこの任に当たるのであり、この任に置かないというのが神の意志であるとみなされる場合には、かの女は何のためらいもなくその職を辞し、結婚して家庭の人となるのが一般的ということである。

ところが、公立小学校と比較して器具設備の点で格段の落差があり、加えて八年制の小学校を卒業しただけの、州法に照らせば無資格の教師が担当するアーミシュ小学校教育に、まったく予想に反した驚くべき成果が観察されているのである。アーミシュ児童のパーソナリティにはその生活法の中核にある価値と規範の体系の内面化が強くみられ、宗教的社会化にかなりの成功をおさめている事実が取り出されている(42)。

さらにまた、アーミシュ児童の学力に関しても、設備が整い有資格教師が教える公立小学校児童より、すぐれているとの調査結果が報告されている。同一の農村的環境にある公立小学校在籍の非アーミシュ児童と、アーミシュ小学校児童によるアチーブメント・テストの成績の比較は、後者の方がかなりの好成績を示したからである(43)。あえて付言すれば、アーミシュ小学校においてはいじめもなければ落ちこぼれもないという。先述のラップ先生のことば「出来ないひとりのために多くの時間をかける」という教育の所産ということができよう。

アーミシュ小学校における教育法について、ホステトラーは次のように要約している(44)。

正しい知識を体得させるために用いる第一の方法は、記憶と訓練である。提供される教材の枠内でのみ子供は自分で考えるように教えられる。かれらは「何が」（what）と「どこで」（where）とを教えられるが、「なぜか」（why）と「どうして」（how）は決して教えられない。科学的指向をもつこの世の小学校では、子供の分析力は生命、時間、空間の謎をかれら自身が解決しうるように育成されている。アーミシュ小学校では、これらを人間が解決すべき謎であるとは考えない。真理は追求さるべき必要はなく、つねに聖書に啓示され、信ずべきものとして存在しているのである。アーミシュ小学校と公立小学校とでは、何が真理であり、いかにしてそれに至りうるか、については まったく相反する考え方をもっているがゆえに、その教育法に異なりが存したとしても決して驚くことではない。

アーミシュは信じることを強調するが、公立小学校では疑問を持つことに力点が置かれているのである。

第六節　経済活動

1　アーミシュ農業

われわれはこれまでに、宗教信仰を中核とするアーミシュ文化が農業ときわめて密接に結合した姿をとっており、それを端的に「宗教＝農業複合体」と表現した。また、アーミシュの次世代が農民として独立しうるために、教育と訓練を与える多くの努力を重ねていることも述べてきた。それでは、アーミシュはいかなる農業活動を実践しているのか、その具体的なすがたを概観しておこう。

勤勉と重労働を特色とするアーミシュ農民の一日は、早朝四時から五時の牛舎での搾乳作業をもって開始される。平均すると五〇頭ほどの乳牛であるが、乳牛や働き手の数により異なりがあるとはいえ、一時間から二時間程度で終了する。放牧場から牛舎へ、そして搾乳後再び放牧場に出すのは子供たちの役割である。もちろん、搾乳中の施餌や牛舎の清掃も子供たちが手伝う。この作業が終わると家族全員で朝食をとる。農繁期に入ると、朝食は六時前になることもあるという。一日の食事の中で最もご馳走の多い昼食をはさんで、農場や納屋での作業が続けられ、夕食後とくに夏期には再度農場に出て、暗くなるまで日中の作業を継続する姿をよくみかける。就寝は九時頃だという。

曜日による農作業のスケジュールはとくにないというが、ただ土曜の夜は翌日の日曜の説教礼拝にそなえてほとんど仕事をしない。もちろん、日曜日は礼拝が開かれる聖なる日、安息日である。搾乳や牛馬への施餌のほか、緊急やむをえない仕事以外は決して手をつけない。自らが属する教会区の説教礼拝が開かれない日曜日は、他教会区の礼拝に出席するか、あるいは親族訪問（pzooka）に用いるか、のいずれかであり、労働に従事することは厳禁されている。

主婦は全般的に曜日にしたがったスケジュールを持つといわれている。

次に、アーミシュ農業に観察される一、二の特徴をあげておこう。

アーミシュ農業の第一の特徴は、農地を畜力によって耕作しなければならないことである。すでに明らかにしたように、かれらの教会戒律がトラクター使用を禁じているからである。この世的なものを忌避し、それに同調しないとの宗教的タブーがこの規制のフォーマルな根拠である。しかし、ガソリン・エンジンが一部許されてはいるが、それを鋤、まぐわ、その他の耕耘機の動力源とすることはできない。ガソリン・エンジンは多くのアーミシュ農場でみかけた。搾乳機、アルファルファなどの干草刈取機、消毒機などの動力源としてかなり広範な用途を持っているようである。もちろん、電力の使用は固く禁じられている。トラクターのみならず、コンバイン、トラックといった高性能の大型農業機械の使用も禁止されている。このため、アーミシュが非アーミシュ農民と同じ成果、いなそれに勝る成果を上げるとすれば、家族全員が一致協力しての長時間にわたる労働が必要とされるのであり、また広大な規模の農場経営もかれらには到底不可能なのである。

今日、アメリカの大農場で使用されている大型農業機械は、現在アーミシュが用いている旧式の農具とは比較にならないほどの重量であり、何よりもその重量のゆえに農地を固くしてしまうという。また、その購入や維持に要する費用は相当の額にのぼるという。アーミシュが耕作する農場規模は四〇～五〇エーカー（一エーカーは約四〇アール）であり、馬耕で充分まかなえる程度である上に、馬耕はトラクターに比して深耕が可能であり、土壌のためにも好都合である。馬の飼育は他人が想像するよりも容易であり、農場に施す堆肥料生産のためにも、また交通手段としても馬の持つ効用はいちじるしく高いものがある。こうした実際的な事情も、かれらが大型農業機械の採用をためらうインフォーマルな要因としてあげることができよう（写真８・９）。

アーミシュ農業にみられる第二の特徴は、家族全員による労働に全面的に依存していることである。かれらは宗教＝

写真 8　旧式の農具を使用するアーミシュ農民

写真 9　旧式農具で家畜用乾草を梱包しているアーミシュ農民

社会的共同体を構築して集合的に居住することにより、この世との接触を回避し、忌避というかれら特有の宗教的理念を実現しうるとの確信を有しているし、かれらの馬車による交通手段もまたその居住範囲の限定に関係している。それゆえに、周辺の土地の高騰のために限定された地域内での農場獲得が困難ということになれば、たとえ多くの人手を必要とするとしても、相対的に小規模な農場から高収入をあげうる多角化された農業への転換が必要となるのである。(45)

したがって、アーミシュ農場における土地利用はいちじるしく高い度合いを示している。すべて農耕に適する土地は耕作され、細心の手入れがいきとどいている。典型的なアーミシュ農場は耕作地、放牧地それに自家消費用の菜園からなっている。リンゴ、ブドウその他を植えた果樹園も母屋の背後によくみかける。かれらの栽培作物は大麦、小麦などの麦類、食用と家畜用のトウモロコシ、牧草（アルファルファ）などのほか、現金収入の面で有利なタバコ、馬鈴薯、トマト、豆類、蔬菜類などである。農作物のみでなく酪農も盛んであり、四〇～五〇頭のホルスタイン種の乳牛や家禽類も飼育し、牛乳、鶏卵、肉用鳥を市場に出荷している。わたしもある日、友人の農場でトウモロコシの取入れを手伝い、それを荷馬車に積んで近くのファーマーズ・マーケットに卸しに行ったことがある。かれらのトウモロコシは無農薬で良質だということで、一般農家の産品より高く売れた。

ペンシルバニア州ランカスター郡に居住するアーミシュ農民の主要農産物のひとつはタバコである。教会戒律では喫煙を固く禁じているかれらがタバコ生産に従事していることに、われわれは多分に奇異の感を禁じえない。このために、かれらを偽善者とする批判の声もないではない。ところが、エーカーあたり一、〇〇〇ドルを超える収入をもたらすタバコ栽培は、アーミシュ農民にとり酪農と並ぶ重要な現金収入源なのである。かれらの相対的に小さな規模の農場と大家族からすれば、タバコ栽培ほどかれらに最も適した農作物はないといっても過言ではないようである。多くの人手を要する入念な移植、中耕、消毒といった農作業、収穫時の葉分け、乾燥などの処理、そして高収入をもたらすタバコ栽培の選択は、アーミシュ農民の経済にとりむしろ必然的とすらいうことができるであろう[46]。

アーミシュ農業に観察される第三の特徴は、市販の化学肥料をまったく使用しないわけではないが、農地に自家製の堆肥肥料を大量に投入し、それをいちじるしく重用していることである。簡便な無機質肥料と比較して、その取扱いがいたって面倒であるとしても、有機質の堆肥が土壌のみならず農作物にとってもすぐれて有益であることはいうまでもない。それゆえに、かれらの農産物が無農薬との評判を得ているのである。日本においても、近年有機農業を研究している団体、日本有機農業研究会がアーミシュの有機農業に強い関心を示し、その機関誌『土と健康』で紹介している[47]。

かれらが「伝統」というように、おそらく旧大陸におけるかれらの父祖たちによる土壌改良法の伝統が今日に至るまで維持されているのかもしれない。前述のように、酪農もアーミシュ農業の主要形態であるが、牛馬の飼育は経済的利益や交通手段として必要であるばかりでなく、この堆肥肥料を得るためにもきわめて有用なのである。畜舎と直結したところに堆肥を作成するスペースをみかけることができる。アーミシュは良き農業すぐれた農業は、豊かな堆肥を投入することで達成されるとの信念を有しているという。自己の農場をつねに肥沃な状態に保っている農民は尊敬され、農場に多量の堆肥を投入する農民は、その中にあっても特権を有しているという。したがって、よきアーミシュ農民であるためには、充分な堆肥を作成するに足るだけの家畜を飼育しなければならないのである。

このようなわけで、酪農もまたアーミシュ農業の主要部分を構成しているということができよう。それが経済的に有利であり、また地味を豊かにする堆肥肥料をもたらすのみでなく、とりわけ家族全員の労働を要求する点でもアーミシュ農民に適合しているからである。仔牛のとくに愛情こまやかな肥育、施餌と放牧といった日々の飼育、朝夕の搾乳、牛舎の清掃と管理、飼料生産と貯蔵、牛の増殖と売買、そのほか鶏の施餌、卵集めといった一連の人手を多く必要とするこまめな手作業がこれにはともなっている。このような作業の責任は、家族内の成人はもとより、子供たちもそれぞれ年齢に応じて分担させられており、アーミシュの農民教育に最良の実習の場をも提供しているのである。それでは、何ゆえにアーミシュの人々は広くこの世におけるあらゆる職業職種の担い手となることを避け、農業のみを選択し、かつ強固に限定しているのであろうか。

かれらが徹底してこの世的なもの、外部社会と異教文化を避ける忌避という宗教的理念を強く持ち続けていることは、これまでも繰り返し述べてきたところである。この理念を厳格に保持するアーミシュが農業を唯一の公認職業としている理由は、何よりも農業が都市における労働と比較して、人的にも物的にもこの世的なものを回避し、かれらの宗教信仰にもとづく独自の共同体生活を形成するのに最適の条件をそなえた職種だからである。さらに、都市社会のもつ非人格的な第二次的関係の優先や経済制度の規模の拡大化は、そこでの道徳的不純性をより多く含み持っている。かれらは不道徳性を都市的領域との関連でとらえる傾向を示している。『旧約聖書』に記されているアモスの時代のように、罪科、色欲その他の堕落の数々は、都市生活と結合しているとかれらはみている。「主の祝福は農村にとどまった者に与えられるが、罪深さと頽廃とがソドムを滅亡に至らせた」と。そして「土を耕すこと」つまり農業は「一生苦しんで地から食物をとる」（創世記三章一七節）が神の意志であり、神から定められた人間の運命にほかならないし、それを避けることは神の民には許されないことである。また、預言者など聖書に登場する信仰上の指導者は、しばしば農民の間から起こされている、との聖書理解にもとづいて、かれらは自らが農民であることの合理化、宗教的動機からの解釈と意味づけをしているのである。[48]

このことに加えて、われわれはかれらの農業選択に重要な関連を持つものとして、かれらのヨーロッパにおける体験をも指摘しなければならないであろう。かれらの祖先であるスイス再洗礼派の人々が、スイスをはじめヨーロッパの都市部において、既成教会およびそれと結合する国家権力による迫害と弾圧のゆえに山間の僻村に身をひそめ、開拓と農耕によってのみ生計の維持を余儀なくされたという、かれらの旧大陸における体験である。たとえ、苛酷な迫害を受けなかったとしても、かれらは社会的に有害なものとして多くの規制を受けなければならなかった。居住する土地を追われたり、財産や所有物を没収されたり、農業以外の職種を禁じられたりしたのである。このような困難な時期に、スイス再洗礼派は肥沃な土地から放逐され、山間に迫害からの避難所を見出し、貧しく狭いしかもやせた土地で不安な生活を続けねばならなかった。この悪条件の土地を基盤にした生存は、絶え間のない重労働を要求するのみでなく、やせた土地を肥沃にする土壌改良技術とすぐれた営農的能力をもかれらに要求したのである。このようにして、かれらは堆肥の多量投入による土壌改良法をはじめとして、新しい栽培法、家畜飼育法の開発など農業技術の考案と改善に努力を重ね、そして何よりも重労働に耐えうるすぐれた勤勉性を身につけたのである。つまるところ、宗教信仰ゆえの迫害と弾圧というかれらを襲い続けた逆境が、むしろかれらを卓越した農民に育てあげたのである。[49]

2　外部社会とのコンフリクト

教育問題に関してみたと同じく、宗教信仰と強く関連するアーミシュ農業においても、政府をはじめとする行政当局あるいは乳業会社との取引きをめぐってのコンフリクトが生起している。かれらは行政当局による農政プログラムをつねに拒否してきたといわれる。[50] スミスが述べている事例をあげておこう。[51] これは第二次世界大戦中にあった事例である。農政当局がアーミシュにトラクター使用を勧告したことがあった。戦時下ゆえに農業従事者が極度に不足しており、トラクターはその人手を補うだろうし、農業労働者を雇用するにしてもその方が有利である、というむしろ好意的とも感じられる配慮からの助言であった。しかしながら、アーミシュは労働力の不足は認めるとしても、トラクター使用については大略次のように指摘して当局の勧告を一蹴したのである。もし、政府が労働力の補充に誠意ある関心を持っているのであれば、政府が良心的兵役拒否者のキャンプに強制収容しているアーミシュ青年、病院などの後方勤務に就かせているアーミシュ青年を、ただちに農場に送り帰すことを真剣に考慮すべきであり、問題はこのことを早急に実施することで一挙に解決するであろう、と。

また、次のような事例も報告されている。すでに述べたように、酪農はアーミシュ農民にとり重要な現金収入源のひとつである。新鮮な牛乳の出荷が絶対的条件として要求される酪農に、きわめて重大な難問が生じたのである。日曜日を安息日として一切の労働を慎むべきとの信念を持つかれらは、この日の牛乳出荷を拒否したために、乳業会社が取引停止の対抗措置に出るという事態にまで発展した。このことはかれらに、宗教的信念を優先させて経済的利益を断念するか、さもなければ経済を優先させて宗教的信念を放棄するか、という二者択一を迫ったのである。かれらはこの難問解決のために種々の方策を検討し、自らの手でクリームやチーズ工場を設立して、乳業会社が取引停止した牛乳をこの工場で用いた。しかし、ある一部の厳格派アーミシュは乳業会社が主張する低価格での出荷に甘んじたということである。

さらに、近年ランカスター地方では乳業会社が集荷を一日おきにするとの合理化が実施された。このことは牛乳を一日生産者が貯蔵しなければならないことをも意味する。しかもこの場合、契約にあたって牛乳保存の冷蔵設備設置を条件としたのである。アーミシュは電力使用を認めないためにこの条件をみたすことはできない。結局、乳業会社との契約を更新することができなかった。ここでも前の事例と同様、教会戒律の遵守かそれともこの世的な経済の圧力に屈服するかの岐路に立たされたのである。このディレンマは若き農民アーミシュが、許されているディーゼル・エンジンを動力源とする冷蔵設備の開発に成功したためにその解決策を見出した。この冷蔵庫は乳業会社の検査に合格し、再度の契約が成功する運びになったという。

この乳業会社とのコンフリクトに際して、政府による冷蔵設備設置に対して助成金提供の申し出があったといわれている。アーミシュはこの申し出をたちどころに拒否したという。額に汗して得た金銭でなければ、よき信仰者は受け取ることはできない。かかる助成金の受領は、将来政府が要求するであろう義務に拘束される結果を招致するだけである。これがかれらの拒否の主たる理由であった。

この世的なものを一切回避すること、つまり忌避の理念に忠実に固執するアーミシュ農民は、農業組合といった団体結社に公然と加入することをほとんど拒否している。過去においては、他のキリスト教諸教派に属している、いわゆるエングリッシャー農民あるいはそれらの諸団体を通して積極的にかれらと接触を持つことは、この宗教的理念の重大な違反行為とみなされていた。しかしながら、最近ことに酪農に収入源を大きく依存しているアーミシュは、畜産物の出荷に有利な団体、たとえば牛乳生産者組合や乳牛検査協会などに加入する傾向が高まってきている。教会もまた、このような推移に対して幾分か寛大な姿勢をみせはじめているという。事実、こうした団体に加入しなければ、かれらの酪農経営それ自体が成り立っていかない現実があるからである。

概していえば、アーミシュは経済的に有利な面をもたらす刷新に対しては、経済性を伴なわないそれに対するよりも、いくらか寛容な態度を示す傾向がみられるようである。たとえば、牛乳冷蔵設備も経済的利害と大きく関連した事例であるし、団体加入も同じケースである。また、とくに農場購入資金獲得のために、大工、鉛管工あるいはアーミシュを顧客とする建築資材商といった非農的職種に就労している者は、教会戒律で禁止されている機械設備や交通通信手段を利用せざるをえない場面に直面することが多々あるが、心ならずもこれを黙認し、ペナルティを科すのを差し控える傾向もなくはないという。とりわけ、若者による非農的職種への従事と禁じられている自動車や電話の使用は、農場取得を目的とした一時的な逸脱現象にすぎないとみなされることもあるという。ただし、旧派アーミシュの中でもとりわけ厳格な態度を取り続けている一部のグループでは、こうしたことは絶対に許されないということである。(52)

3　宗教信仰と農業活動

宗教信仰と経済活動との関連性を論じたのは、ウェーバーによる一連の研究ということができよう。とりわけ、かれの『プロテスタンティズムの倫理と資本主義の精神』が目的とするところは、強度の宗教的献身と経済活動が本来的には相反する志向性を有するにもかかわらず、一定タイプのプロテスタンティズムが、合理的経済的営利追求をうながす刺激の源泉となっているというむしろ逆説的事実が存した。そして、この逆説的事実が宗教改革期に与えられた現世内活動に対する宗教的道徳的意味、すなわち単なる営利欲、宗教的無関心、さらにはむき出しの快楽追求とは本質をまったく異にする行為的禁欲ないしは現世内的禁欲にもとづいていることを論証することにあった。現世内禁欲の立場を明確にとるプロテスタントとして、カルヴィニズムに焦点をおいて考察を進めている。簡要に記せば、ウェーバーはカルヴァン派信徒が現世にあってその経済活動に積極的に関わるにいたる「心理的起動力」ないし「エートス」として、二つの教理を指摘している。すなわち、かれらが現世において行なうあらゆる活動は「神の栄光を増すため」の行為であること、および救われる者と滅亡に至る者が予め神により定められているという「二重予定説」にもとづき、自らが救いに予定されているとの確信を得る方法として職業労働に専念するということである。さらには、このようにして獲得された富を「神の管財者」として、自己快楽のためではなく次なる活動の投下資本として用いるというのである[53]。

ところで、アーミシュにはこのようなかれらの農業活動に積極的に関連する明白な教理が存するとは思われない。すでに述べたように、かれらにあってはこの世的なものを回避するのに最適とみなす農業、そして「一生苦しんで地から食物をとること」が神の命であると信じるがゆえの農業活動である。また、かれらには「神の栄光を増すため」ということもない。ただ、神の定めであるがゆえに農業活動に専念し成功しなければならないし、それを通してかれらの宗教信仰の正しさを証明しなければならないとの強い信念は有している。かれらが農業労働に勤勉に従事する理由でもある。同時に、「二重予定説」もアーミシュは信じていない。自らが救われているとの確信を語ることは、かれらにあっては自己を誇ること、傲慢な行為として避けなければならない。あえていえば、アーミシュ特有の教理とはいえないにしても、こうした教えがかれらを農業労働に向かわせる「心理的起動力」といってもいいだろう。

もちろん、アーミシュのこうした勤勉な農業労働によって得られた富が、自己快楽追求のために用いられることはない。自己快楽は教会戒律によっても厳しく禁じられている。かれらの日常生活はまさに浪費をつつしむ禁欲的生活であり、この意味でもかれらは禁欲的プロテスタントの一員とみることもできよう。加えて、かれらはいわば「神の管財者」として、得られた富を生活に困窮する隣人に与える義捐金、あるいは次世代の農業活動の基盤である農場購入のための資金に用いるのである。

このように、アーミシュの農業活動においてその宗教信仰が強いかかわりをもち、とりわけ勤勉と重労働を特徴とするその農業上のエネルギー源、ウェーバー的表現をとれば、「心理的起動力」として宗教的原理が強固に作用しており、両者がまさに不可分に結合している姿をみることができるのである。このような宗教信仰と農業活動との結合の今ひとつの具体的事例をあげておこう。

アーミシュの説教礼拝において読まれる聖書の日課表が存していることはすでに述べたところである。わたしが入手した日課表は次の三種である。

①『アーミシュ教会で使用される讃美歌および聖書に関する一覧』
②『新アメリカ・カレンダー』
③『年間を通してわれわれの中で読まれるべき聖書リスト』

この中、①は主にランカスター・アーミシュで使用され、②はアーミシュ家庭で、③は広く中西部アーミシュで用いられている。

これらはすべて教会暦にしたがっており、このテキストにもとづいて説教が行なわれる。ここで注目すべきことは、これら三種の日課表のすべてにクリスマス、イースターといったキリスト教会に伝統的な祝日の聖書テキスト、聖餐、洗礼そしてアーミシュ特有の戒律礼拝のテキストと並んで、三月下旬イースター前に「種まきのテキスト」が、七月中・下旬に「取り入れ、収穫のテキスト」が記されていることである。三月下旬から四月にかけては、牧草（アルファルファ）、馬鈴薯、麦、トウモロコシの種まきあるいは植えつけのシーズンである。七月から八月にかけては小麦、早生馬鈴薯、トウモロコシなどの収穫期、牧草の刈取期に当たっている。まさに、日課表とかれらの農事暦とは対応したかたちをとっているのである。

上記日課表に示されている聖書テキストは共通である。すなわち、種まきのテキストはマタイによる福音書一三章およびヨハネによる福音書一五章、取り入れのテキストはヨハネによる福音書四章およびヨハネ黙示録一四章、収穫のテキストはルカによる福音書一二、一三章である。かれらは種まきあるいは収穫のシーズンにはこうした農事と関連したイエスの説話を礼拝時に読み、それにもとづく説教に耳をかたむけ、心にそれを刻みこんでそれぞれの農業活動にいそしむのである。いずれにせよ、伝統的に主要な教会祝祭日と並記されるかたちで、農業活動のための聖書テキストがとくに設定されている事実は、アーミシュの農業活動がその宗教体系との関連で重要な位置を占めていることを雄弁に物語っているということができるであろう。

註

（1）拙著『アーミシュ研究』において、アーミシュの歴史については詳細に述べたので、ここでは略述するにとどめた（同書、第一章アーミシュの歴史、三三―一一八頁）。

（2） アンマンによるスイス再洗礼派からの分裂に関しては、今のところ、ガショウの論考「スイスおよびアルザスで発生した一六九三年から一六九七年にかけてのアーミシュ分裂」が唯一のものである（Milton Gasho, "The Amish Division of 1693-1697 in Switzerland and Alsace," *MQR.*, 1937, 11, 4）。

（3） Alvin J. Beachy, "The Rise and Development of Beachy Amish Mennonite Churches", *MQR.*, 1955, 29, 2.

（4） John A. Hostetler, *Amish Society*, 1993, 98.

（5） Robert N. Bellah, "The Sociology of Religion," in *International Encyclopaedia of Social Science*, 1968, XIII 413.

（6） たとえばローマの信徒への手紙、一二章二節あるいはコリントの信徒への手紙二、六章一四－一七節など。

（7） John Umble (ed.), "An Amish Minister's Manual," *MQR.*, 1941, 15, 2.

（8） インディアナ州ゴーシェン大学附属メノナイト歴史図書館所蔵で、縦一五・五センチ、横九・〇センチ、八ページにわたっている。本来、口伝である教会戒律が英訳の上に印刷にまで付されていること自体まったく異例といわざるをえない。この戒律の内容は次に述べるわたしが入手したランカスター・アーミシュのそれと比較して、一部進歩的傾向が存する感を否めないが、といって伝統的アーミシュの生活法から大きく逸脱しているともいえない。

（9） この戒律に記されている十八ヶ条の『信仰告白』とは、フリースランドで「忌避」をめぐっての論争からメノナイト派の分裂の危機が生じ、一六三二年ドルトレヒトでの和議で統一の基盤として採択された文書である。この文書の十六、十七条に追放、忌避に関する規定がある。今日でも、アーミシュはこれを重視している。また『キリスト教会の条項と戒律』とは、現在アーミシュで用いられている"Artikel und Ordnungen der Christlichen Gemeinde in Christo Jesu"と題された小冊子を指し、一五六八年に採択、一六〇七年に増補の二十三ヶ条からなる『ストラスブルク戒律』、一八〇九年および一八三七年に採択された二つの『条項』をふくんでいる。

（10） ペンシルバニア州のアーミシュでは、トラクター自体がタブーである。

（11） 『アーミシュ教会で使用される讃美歌および聖書に関する一覧』（*Ein Register von Liedern und Schriften die in den Amischen Gemeinden gebraucht Werden*）と題され、一八九六年ランカスターで印刷されている。クリスマスにはじまる教会暦にしたがって、聖書テキストと『アウスブント』の頁数を指定している。現在、ランカスター・アーミシュのほとんどの教会区で使用されているものである。

（12） Harvey J. Miller (ed.), "Proceedings of Amish Minister's Conference, 1826-31," *MQR.*, 1959, 33, 2, 141.

（13） John Umble, "The Amish Mennonites of Union County, Pennsylvania," *MQR.*, 1933, 7, 2, 92.

（14） Elmer L. Smith, *The Amish People*, 1958, 40.

（15） *Mennonite Encyclopaedia*, I, 89.

（16）ロジャースはその著『農村社会における社会変化』で、このアーミシュ納屋建設の写真を挿入しているが、その説明に、「このアーミシュの納屋建築は、かつて多くの農村共同体でみられた共同体精神（community spirit）を例証している。この写真には少なくとも一六三名のアーミシュの働き手を数えることができる」と述べている（E.R. Rogers, *Social Change in Rural Society*, 1960, 135）。

（17）G. M. Stoltzfus, “History of the First Amish Mennonite Communities,” *MQR*., 1954, 243f.

（18）H. S. Bender (ed.), “An Amish Bishop's Conference Epistle of 1865,” *MQR*., 1946, 20, 323.

（19）J. A. Hostetler, *Children in Amish Society*, 1971, 5.

（20）Max Weber, *Die Protestantische Ethik und der Geist des Kapitalismus*, 86, 200.

（21）Jane C. Getz, “The Economic Organization and Practices of Old Order Amish of Lancaster County, Pennsylvania,” *MQR*., 1946, 20, 2, 119f.

（22）きわめて限定された配偶者選択の範囲のゆえに、かなりの数のいとこ婚のごとき近親婚がみられる。そのために、遺伝上の好ましくない結果が生じていることも否定できない（Victor A. Mckusick, *Medical Genetic Studies of the Amish*, 1978）。

（23）Walter M. Kollmorgan, *Old Order Amish of Lancaster County, Pennsylvania*, 1942, 76. なお、同書は社会科学的視点からアーミシュを取り上げた最初の文献である。

（24）E. L. Smith, *Studies in Amish Demography*, 1960, 17f.

（25）George R. Stewart, *American Way of Life*（原島善衛訳『アメリカ文化の背景』一九五五、一三八頁以下）.

（26）J. A. Hostetler, *Amish Society*, 154; *Children in Amish Society*, 1971, 21.

わたしが試みた『文章完成テスト』で、児童がどのような状況に自らがあると感じているかを問うために、“I feel...” という設問をした。回答児童一九名中一四名までが good, happy と、さらには very good, very happy と回答している。そのほかに like singing very laud という回答もみられた。一名のみが sick today であった。性別にみれば、女子児童全員が（very）happy,（very）good であり、男子児童よりも直截的表現と思われる（拙稿「セクト児童の研究――文章完成テストを通してみた――」『西日本宗教学雑誌』第七号、一九八四）。

（27）「主なる神に創られた幼な子と共にあり、よき行ない、いましめ、両親の尊敬といった神の教えを教育することは、大いなる喜びである」という言葉が、『アウスブント』に記されている（Ausbund, Das 18 Lied, 110）。

（28）J. C. Getz, “The Economic Organization and Practices,” *MQR*., 1946, 20, 2, 101.

（29）描画テストに関しては、高橋雅春『描画テスト入門――ＨＴＰテスト』（一九七四）参照のこと。

（30）高橋雅春、前掲書四八頁。

(31) E. L. Smith, *The Amish People*, 112.

(32) 内藤莞爾氏がボンヴァロ（E. Bonvalot）の「末子制——旧アルザスの庶民および貴族における末子児の特権」と題する論文を訳出しておられる（「E・ボンヴァロ　アルザス地方の末子相続制」『哲学年報』第三一輯、一九七三）。末子相続制がここに述べられているように、アルザス地方における古い慣行であるとすれば、今日のアーミシュにみられる末子相続という慣行の起源をここに求めることが可能であるかもしれない。かつて、アーミシュはアルザスをはじめとするライン川上流地域に居住していたからである。

(33) *Mennonite Encyclopaedia*, II, 217.

(34) J. Martin Stroup, *The Amish of Kishacoquillas Valley*, 1965, 15.

(35) 文部省編『アメリカ合衆国の教育制度』一九六三、九頁。

(36) Charles P. Loomis, J. A. Beegles, *Rural Social System*, 1950, 590ff.

(37) *Blackboard Bulletin*（二〇〇一年一二月号）に、Amish School Directory が記載されている。

(38) この宣言（Old Order Amish Bishop's Statement on School Attendance）は、一九五〇年二月二十二日に公にされ、一五項目からなっている。

(39) アーミシュ教師養成用のテキスト Tips for Teachers: A Handbook for Amish Teachers には、Mottoes for Classroom という節があり、次のようなモットーが例示されている。

Even though you can hide from the earth, heaven sees you act.
Let everything be done decently and in order I Cor. 14:40.
One little deed is worth more than a thousand good intentions.
Let us not pray for lighter burdens, but for stronger back.

(40) Albert N. Keim (ed.), *Compulsory Education and the Amish: The Right Not To Be Modern*, 1975.

(41) 一般には「ペンシルバニア・ポリシー」と呼ばれるが、正式名称は "Policy for Operation of Home and Farm Projects in Church-Organized Day School" である。

(42) 拙稿「アーミシュ・パーソナリティの一研究」『西日本宗教学雑誌』第二号、一九七二。

(43) J. A. Hostetler, E. G. Huntington, *Children in Amish Society*, 88f.

(44) J. A. Hostetler, *op. cit.*, 64.

(45) J. C. Getz, "The Economic Organization and Practices," *MQR.*, 1946, 20, 2. 63f.

(46) ランカスター郡リーコックの一アーミシュ農民による。わたしはタバコを吸っているアーミシュの若者を数名みかけたが、むしろそれは例外に近い感じであって、ほとんどのアーミシュは禁煙を実行している。

(47) 日本有機農業研究会編『土と健康』一九八六年六月号、一〇月号。

(48) J. C. Getz, "The Economic Organization and Practices," *MQR.*, 1946, 20, 2, 59f.

(49) Jean Seguy, "Religion et Réussite Agricole, La vie professionale des Anabaptistes Français du XIIe siècle," *Archives de Sociologie de Religion*, 1969, 28, 93-130.

(50) W. M. Kollmorgen, *op. cit.*, 91.

(51) E. L. Smith, *op. cit.*, 133f.

(52) このような団体に加入しているアーミシュ農民の話による。しかし、同じ旧派アーミシュとはいえ、このアーミシュ農民は進歩派に区分されるグループに属していると考えられる。厳格派は一切の外部団体への加入をきびしく禁じているという。

(53) Max Weber, *op. cit.*

第二章　ハッタライト

Kapitel 2.

Hutteriten

七面鳥の移し替えを手伝う少年たち（ペンブルック・コロニー）

第一節　ハッタライト略史[1]

1　モラヴィア

のちにハッタライトと呼ばれるようになる再洗礼派の一群は、十六世紀の宗教改革期に南ドイツ、チロル、オーストリア地方の再洗礼派の人々によって創設されており、アーミシュ、メノナイトとならんで、再洗礼派の系譜を有する現存するセクト集団のひとつである。ハッタライトという名称は、この集団の創設者とはいえないにしても初期の最も有力な指導者であり、またこの集団の組織者ともいえるチロル出身のヤコープ・フッター（Jakob Hutter）に由来している。[2]

この一帯の再洗礼派の保護者となったのはモラヴィアのリヒテンシュタイン公であり、多くの再洗礼派がこの地のニコルスブルグ周辺に集まり、バルタザール・フープマイヤー指導のもとに再洗礼派共同体を作りあげた。一五二六年のことである。しかし、この共同体はほどなく帯剣を禁じ平和主義をとる木杖派と帯剣を容認する刀剣派とに分裂した。この動向に加えて、再洗礼派保護を進めるリヒテンシュタイン公へのウィーン政府からの圧力があることを知った木杖派の人々は、ニコルスブルグから立ち去ることを決した。かれらの保護を約束したアウスターリッツのカウニッツ公の領内に定住することになるのである。

アウスターリッツへの途上、略奪などによる困窮に難渋するかれらは、各自の所有物を出し合って集団全体の存続をはかった。ハッタライトの『年代記』（*Chronik*）は次のように記している。[3]「ニコルスブルグ、ペルゲンその他周辺の地から、子供を除く約二〇〇名の人々がニコルスブルグの町の外に集まった。かれらに対する同情で多くの人々が町の外に来てかれらとの別れを惜しみ、涙を流した。かれらはそれから出発してダンノヴィッツとムシャウの間の寒村ボーゲニッツに野営をした。かれらはさし迫った窮乏に対処するため主に救いを求め、地上の事柄の世話役を選出した。そこでかれらは一枚のマントを人々の前にひろげた。各人は自己の所有物を強制されてではなく、自ら進んで置いた。それは予言者や使徒の教えに従って必要とされるものが得られるためである」と。この出来事がかれらが財産共同体によるコミュナル・ライフを実践する直接的端緒となるのであり、今日、この出来事が実践された年、すなわち一五二八年をハッタライトの創立年としている。

一五二九年、この集団の名称に大きく関わるチロルの再洗礼派牧師フッターがアウスターリッツを訪れた。ほどなくかれはチロルに戻り、モラヴィアへの逃避のために信徒の一群を組織し、一五三三年これらの人々がフッターと共に移り住んだ。かれが再びモラヴィアに到着して驚いたことは、この地の再洗礼派が内部対立していた事実であり、これらの群をひとつに統一することが自らの使命であると痛感した。やがてかれは強力な指導力を発揮し、財産共有制に向けての行動を開始し、首席長老（Vorsteher）に選出された。今やフッターはモラヴィア再洗礼派集団における最高指導者と仰がれ、徹底した財産共有制を展開した。この地でのかれの指導は二年余の短期間でしかなかったが、その行動力と指導力のゆえにこの集団名にかれの名が冠されているのである。かれは一五三六年ウィーンで火刑に処せられた。

今日においても依然維持されているハッタライトの財産共同体としての実践形態は、すべてこのモラヴィア時代に確立され、さらに初期の指導者リーデマン（Peter Riedemann）によって理論化されている。かれの著作『信仰告白書』（*Rechenschaft*）に記されている「財産共同体について」をみてみよう。[4]「すべての神の賜物は、霊的なもののみでなく現世のものも、ひとりの人が所有するためにあるのではなく、すべての兄弟姉妹と共に所有すべきである」と、「使徒言行録」（二章四二節―四七節、四章三二節―三七節）に記された初代キリスト教会の故事を引用して、財産共同体の意義を説明する。それは「神は世のはじめから何ひとつある人の所有物として創造されてはおらず、すべてのものはすべての人の共有物として創造された」からである、と。それゆえに、「神の子であるわれわれ聖徒は、霊的な共同体を持っているのと同じように、否それ以上にこの世的なものにおいても、共同体の実践に努力しなければならない」と主張するのである。このように、初代キリスト教会で実践された財産共有制を範とする財産共同体の確立が求められたのであり、モラヴィアにおいて、さらには今日のアメリカ、カナダにおいても、リーデマン理論にもとづいて財産共同体が実践されているのである。

モラヴィアにおいて、ハッタライト共同体が大きな障害もなく成長と発展を経験した十六世紀後半から十七世紀初頭にかけての一時代は、ハッタライト史で「黄金時代」(Golden Years)とも呼ばれている。[5] 当時のモラヴィアの貴族はかなり強力であり、ハッタライト追放を要求するウィーン政府の命令を無視するだけの自律性を保持していた。一五二九年から一六二一年までの間に、モラヴィアには、今日のコロニーに相当するブルーダーホフが一〇二展開し、二万から三万と推定されるハッタライトが居住していたといわれている。この成長はモラヴィアから派遣され、オーストリア、南ドイツさらにはラインの下流一帯にまで巡回したハッタライト伝道師の働きによっている。かれらの八〇％は殉教の死をとげたともいう。[6]

このように、モラヴィアにおける成員の増大にともない、組織面での整備が行なわれる。この時期に確立された諸制度は今日のハッタライトにもみることができる。すでに述べたように、ハッタライトは財産の個人所有を認めないすべてを共有にする財産共同体であり、同時にそれは教会共同体でもある。それゆえに、宗教的職制と世俗的職制との区分は最小限である。各ブルーダーホフの宗教的指導者は「み言への奉仕者」(Diener am Wort)と、地上の生活のために任じられた者は「必要とされることへの奉仕者」(Diener der Notdurft)と呼ばれた。前者の役割は説教、洗礼、聖餐、訓戒、追放などであり、宗教的分野における儀礼の執行、指導を行なう。後者は管理者(Regiere)とも呼ばれ、教会のこの世的物質的なものの分配と管理が委ねられた。[7] 今日のハッタライトでは、前者を牧師(Vetter)、後者を執事（Haushalter）と呼んでいるが、その役割はモラヴィア時代と大差はない。

初期のハッタライト運動に参加した人々の社会的背景にはきわめて広範なものがあった。その中には貧困の者もいたが、カトリック司祭、修道僧、貴族、自由人、農民、職人など多種多様な人々が含まれていた。[8] こうした背景を有するかれらの経済活動は、今日の農業を中核とするそれとは大きく異なり、広い範囲にわたっている。農業、牧畜、製本、ブドウ酒醸造、大工、馬車・馬具製造、刃物・皮革・陶器などの製造、製粉等々とかなり高い技術を有していたがゆえに、モラヴィアの領主たちの評価を得ていた。

モラヴィア時代における学校教育については、『信仰告白書』によると、すでに二種類の学校の設置が明らかである。すべてのブルーダーホフには「小さな子供のための学校」（Kleinschul）と「大きな子供のための学校」（Grossschul）が設けられ、前者は乳離れした幼児がすぐ入れられ、教会任命の保母が世話をする。六歳になると後者において教師の手により、宗教教育と共に実際的な日常の仕事の習得につとめる、というものである。[9] のちに述べるように、この二種類の学校教育は若干の変化を余儀なくされているとはいえ、依然今日まで継続されていることは注目にあたいする。

2　ウクライナからアメリカへ

十七世紀末葉に向かうにつれて、モラヴィアにおいて繁栄を享受していたハッタライトは、最終的にはこの地からかれらの放逐を結果する強力な二つの避け難い苦難に直面することになる。トルコ戦争と反宗教改革運動である。トルコとハプスブルク帝国との戦いにより、双方の軍隊はブルーダーホフを襲撃し、殺害、拉致、略奪をほしいままにした。ウィーン政府の意を受けたイエズス会によるカトリックへの強制改宗と、異端根絶の運動もまた熾烈をきわめたといわれている。さらにヨーロッパ最後の宗教戦争といわれる三十年戦争に際しても、ハッタライト共同体の多く

は壊滅状態に陥れられたという。(10)

ハッタライトがモラヴィアから放逐されて難渋していた折、トランシルバニアの一領主がその領内にかれらを迎え入れた。自らの領地を発展させるために、大工、石工、陶工などの職人や農民としてすぐれた評価を得ていたかれらを必要としたからである。一六二一年のことで、アルヴィンツに数百名からなる共同体が建設された。さらに、この地に逃避してきた群で増大したアルヴィンツの一群は、今日の南ルーマニアのワラキアにも移ってブルーダーホフを建設した。しかし、十七世紀の後半になると、相次ぐ迫害そして逃避のゆえに、他の再洗礼派集団とハッタライトとの最大の異なりである財産共有制は次第に失われていったといわれている。

ところで、一七七〇年に約六〇名からなるワラキア・ハッタライトがロシアのヴィシェンカに向かった。かれらの困難な状況をみた一将軍ルミアンツェフの勧めによると伝えられている。ハッタライトのロシア移住の端緒である。かれらは将軍領で宗教的自由とコミュナルな生活の実践、兵役免除などの特権が与えられていた。やがて、この地でその伝統的産業である製陶、織物、金属加工なども再開され、また伝統的教育機関も復活した。この報に接して各地に離散していたハッタライトの多くが、このヴィシェンカ・グループに加入するのである。

しかしながら、ヴィシェンカの共同体が拡大するにつれて内紛が生じ、共同生活の継続に危機が訪れた。こうした状況のもと、一部のハッタライトは当時すでにメノナイトが入植していたウクライナへの移住を考慮しはじめる。一八一九年ウクライナのメノナイト入植地モロチュナに近いところに、フッタータールを建設するのである。この地でかれらはとりわけメノナイトの協力を得て近代的農業経営の慣行を学ぶこととなり、今日のハッタライト経済活動の基本的パターンを確立することになる。衣食が足るこの地での生活は、かれらを再び財の共有制をとる共同生活へと引き戻す結果を生んだ。この共同生活の復活は、まず一八五九年ワルトナーなる人物を中心にした共同体、フッタードルフの建設である。かれが鍛冶工（Schmied）であったのでこのグループはシュミード群（Schmiedleut）と呼ばれた。また翌年ワルターによって新たな群が組織され、指導者の名からダリウス群（Dariusleut）とよばれるようになる。今日のハッタライトにみる第三の群レーラー群（Lehrerleut）は、サウス・ダコタ到着後に形成されている。

このように、ウクライナで約四〇年振りに伝統的な財産共同体が復活した頃、ロシア政府は国家主義的傾向を採用しはじめた。一八七〇年の「小学校令」は、小学校教育のすべてをロシア語で実施さるべきことを命じた。さらに一八七一年には兵役の義務制が導入されるに至り、ハッタライトおよびメノナイトの指導者は、兵役免除の特権の再確認のためペテルスブルグに赴いている。しかし、ロシア政府は信教の自由の代償としてシベリア入植を要求したという。そこでかれらは入植の可能性を求めてアメリカ、カナダに調査団を送った。その結果、メノナイトは主としてカナダのマニトバ州へ、ハッタライトはアメリカのサウス・ダコタ州への入植を決断するのである。

一八七四年、ハッタライトはサウス・ダコタに移住するが、そのとき四四三名であったという。[11] シュミード群は南部のミズリー川沿いのボン・オムに入植しコロニーを建設した。[12] 今日のすべてのシュミード群系コロニーの母体コロニーである。ワルターのグループ、ダリウス群はウォルフ・クリーク・コロニーを設立、すべてのダリウス群コロニーの基礎となるコロニーである。第三のグループ、教師（Lehrer）のウィップの指導下にあったレーラー群はエルムスプリングで共同生活をはじめた。現在のレーラー群の母体コロニーである。

ウクライナからアメリカへの移住は、モラヴィアにおける黄金時代をしのぐ繁栄の時代の幕明けとなるのである。今や、かれらは戦火と迫害、略奪そして逃避にあけくれたヨーロッパでの生活から、待望久しかった信仰の自由を謳歌し、経済的発展が約束された広大な国に居住することになった。アメリカ中西部は依然入植者に開かれており、一八六二年大統領リンカーンは「自作農場令」に署名、議会は西部への入植を推進するために鉄道会社に広大な土地開発を認可した。この動向はハッタライトにまさに追風となったのである。

とはいえ、一八七四年の入植時から第一次世界大戦時までのアメリカにおけるハッタライトは、困難な開拓時代で

年代＼群	シュミード		ダリウス		レーラー		計	
	コロニー	人口	コロニー	人口	コロニー	人口	コロニー	人口
1874	1	194	1	137	1	112	3	443
1940	18	2,164	18	1,565	14	1,723	50	5,452
1980	121	9,523	104	6,883	78	6,820	303	23,326
1996	168	15,200	144	12,040	118	10,057	430	37,297
2005	174		154		134		462	

あり、農作物収穫の失敗、火災、虫害、洪水といった多くの難問に直面している。とくに、アメリカが第一次大戦に参戦して以来、周辺住民のかれらに対する態度は、無関心から敵対的な不寛容の態度に一変した。かれらがドイツ語を語るのみでなく、恩恵を与えている政府への協力を拒否し、若者を兵役に就かせない集団であることを知ったからである。一九一七年「選抜徴兵令」の議会通過を機に、数名のハッタライト青年が召集された。当時は未だ兵役拒否制度は存在しなかった。召集された青年が軍服の着用や兵器の受領を拒否したために、二名の者が軍監獄で死亡したといわれている。また、州国防委員会はかれらに対して公共の場、学校とくに教会でのドイツ語使用禁止を要求している。このためにハッタライトはカナダへの移住を試み、一九一八年には一五のコロニーがカナダのマニトバに設立された。戦後の一九二〇年以降、ハッタライトの平和主義はもはや問題となることはなく、一部のハッタライトとくにシュミード群は再びサウス・ダコタに帰りはじめた。

第一次世界大戦後は、ハッタライトは種々の問題に当面することがあっても、むしろ順調な成長を続けた。かれらにあっては、コロニー人口が増加すると分封(branching)を行なう慣行がある。その間隔はおよそ一五年から二〇年といわれる。この分封を繰り返すことによって、アメリカ移住当初の一八七四年には三ヵ所のコロニーに四四三名を数えたにすぎなかったのに対し、一二〇年あまり後の一九九六年には四三〇のコロニーと三万七千余の人口を擁するまでに成長している（上表参照のこと）[13]。

写真10　ペンブルック・コロニー

第二節　ハッタライト・コロニーの生活

1　ペンブルック

インディアナ州ゴーシェンに所在のメノナイト系大学、ゴーシェン大学メノナイト歴史図書館で文献収集と研究者訪問を行なったのち、わたしはシカゴ・オヘア空港からサウス・ダコタ州アバディーンへ発った。アーミシュやハッタライト研究で著名なホステトラー教授(14)が、ハッタライト・コロニーの調査をするのであれば、サウス・ダコタ州のイプスウィッチ郊外にあるシュミード群のペンブルックを、と推薦し、デッカー牧師にわたしの受入れを依頼してくれていた。アバディーン空港にはペンブルックのジェーコブ・デッカー氏が出迎えてくれた。ハッタライト特有の黒の背広に黒の帽子、初対面ではあったがすぐに分かった。空港からコロニーまでの車中、かれはデッカー牧師の長男で、コロニー小学校の教師をしていることなど語ってくれた（写真10）。

ペンブルック・コロニーまでおよそ三〇分、コロニーに着くとデッカー牧師夫妻の出迎えを受け、わたしのために用意されたデッカー宅の一室に案内された。ペンブルック滞在中のわたしの部屋である。荷物を片付けていると、一〇名ほどの子供たちが部屋に入ってきて、入口周辺に座りこんだ。あとで聞いた話によれば、かれらにとり日本人訪問者はわたしが初めてであり、めずらしかったのだという。また、かれらの慣習からすれば鍵のかかっていない部屋は、他人の部屋であっても出入りが自由なのだという。共同生活のことは一応知識として知ってはいたが、ここまでプライバシーがないのかと、いささか驚きを禁じえなかった。ほどなく、デッカー牧師から書斎に招かれて茶の接待にあずかった。こうしてわたしのペンブルック・コロニーでの生活がはじまったのである。

その後しばらくわたしに割り当てられた部屋で休息をとっていたら、鐘の音が響きわたった。夕刻六時少し前である。するとジェーコブ氏が来て食事だと共同食堂に案内してくれた。かれがわたしに何歳かと尋ねるので何歳と答えると、君の席はここだと男性用食卓の三分の一ほど上位のところを指示した。この席がこのコロニーでの三食のわたしの指定席である。コロニーの食堂では一五歳以上の男女が食事をとるが、男女は別々の食卓であり、年齢順に席が決められている。当然、最上の席は最高齢者であり、入口に近い下座は一五歳になったばかりの若者の席だという。一四歳以下の子供は別室での食事である。したがって、親子、夫婦といえども並んで食卓につくことはない。日曜礼拝においてもこの年齢順に席が定められている。年齢による秩序づけ、順位づけは多くの機会にみられるのである。

ここで、コロニーでの一日を紹介しよう。

朝六時三〇分、あたりの静寂を破る鐘の音で一日がはじまる。起床の合図である。とはいえ、パン焼きの日には担当の女性たちは早朝三時に起床して作業を開始するという。コロニーでは起床と食事時そして緊急事態が生じた時に鐘が鳴る。しかし、日曜礼拝や毎夕の小礼拝（Gebet）には鐘の合図はない。鐘の音で起床し、洗面をすませて身づくろいをする。七時に再び鐘が鳴り、全員が食堂に足を運ぶ。人々と挨拶を交わしながら指定された席につく。古老の食前の祈りにより朝食がはじまる。パンと飲物に果物といった軽食で、パンなどがなくなると給仕係の女性が補ってくれる。食事中はあまり会話をしないようである。食事が終わると、各職場の長がそれぞれその日の農作業の割り当てを指示する。わたしに割り当てられた作業は九時にはじまる卵集めであった。女性の食卓ではリーダー格の女性が同じようにその日の作業割り当てを行なっていた。

八時前には人々は割り当てられた作業場へ行きはじめる。わたしは作業開始の鐘で鶏舎に急いだ。一〇〇メートルはあろうかという長い鶏舎には三万羽ほどの鶏が飼育されている。すでに数名が鶏舎の傍らで施餌作業をはじめていた。アーミシュとは大きく異なり機械化、自動化が進んでおり、鶏舎の端に設置の大型飼料入れからベルトコンベヤーで鶏舎内のゲージに飼料が流れていく。さながら鶏卵製造工場といった感じである。それが終わると、キャスターを押しながらゲージから卵を取り出す。同じ作業は午後三時から再度繰り返される。

鐘の合図で午前中の作業を終えて食堂で昼食をとる。昼食後、数名の青年が車でコロニーを案内してくれた。このコロニーには三、八〇〇エーカーの広大な土地に農場が展開しており、その中心部に教会、学校や食堂などの共同棟と数棟の住居棟、その周囲に牛舎、豚舎、家禽舎、そして車庫や農業機械置場などが建てられている。近くには女性が担当する菜園、果樹園もある。一青年の話によれば、ペンブルック・コロニーは一九七〇年に母体のサウス・ダコタ州チェッター・コロニーが同州のイプスウィッチに一、八〇〇エーカーの土地を購入、翌七一年に居住棟、共同棟その他の設備建築を開始し、七四年に九家族がチェッターから分封してペンブルックとして独立したとのこと。その後、周辺の農場を購入して現在の規模になったという。

わたしは毎日割り当てられた集卵作業のほかに、日々異なる仕事を課せられた。牛舎の清掃、七面鳥舎の給水設備補修についで七面鳥の移し替え（第2章扉裏写真）などなど、すべてわたしにとっては初めての体験ばかりであった。かれらは農作業の経験のないわたしに配慮して、軽作業のみを割り当てたようである。夕刻五時三〇分に農作業を終え、自宅で洗面をすませて人々は教会に集まる。夕礼拝の開始である。日曜礼拝と同様に、讃美歌、祈禱、説教本朗

写真11　スポーケン・コロニー

読であるが、幾分か短い。夕礼拝が終了すると、例の鐘の合図で夕食がはじまる。概してハッタライトの食事は質素であるが、夕食時が最も品数が多いようである。ある夕食でロシア風シチューのボルシチが供された。隣席のひとりが「これはロシア料理だ」と教えてくれた。ハッタライトのロシア・ウクライナ体験を物語るといえよう。時には自家製ワインが小カップで出される。食事の献立ては女性執事が主に決定するという。

夕食後はとくに行事が予定されていない限り各人の自由時間である。子供を交えて一家団欒の一時を自宅でもったり、他家を訪問したりして時を過ごす。わたしがこのコロニーを訪れたのは六月のこと。ある一家が家の前の芝生にベンチを出して語り合っていたのでそれに加わり、一緒に会話したり讃美歌をうたったりした。また、デッカー牧師や教師のジェーコブ氏を訪ね、ハッタライトに関する多くの情報を得たのもこの夜の自由時間である。

2　スポーケン

次にわたしはワシントン州にあるスポーケン・コロニーを

写真12　スポーケン・コロニーのポール・グロス牧師

訪ねた。ハッタライト史などの論考を公にされた元青山学院大学教授で今は亡き榊原巌氏[15]の紹介があったからである。アバディーン空港からスポーケンに飛び、サムエル・グロス氏に迎えられてコロニーに至った。このコロニーは一九六〇年カナダ・アルバータ州のダリウス群に属するピンチャー・クリーク・コロニーより分封して、ワシントン州エスパノーラに入植した。カナダに適当な土地を入手できず、アメリカのフロリダ、テキサスさらにメキシコまで土地探しに行ったが適地がなく、つまるところ、カナダ国境をわずかに越えたワシントン州にコロニー新設を決めたのだという。入植当初はエスパノーラと名づけたが、今日ではスポーケン・コロニーと称している（写真11）。一九七二年にワーナー・コロニーを分封、この時六四名であったが三六名が新設のワーナーへ、そして二八名がスポーケンに留まったとのことである。

発足当初は二、〇〇〇エーカーの所有であったというが、ほどなく三、〇〇〇エーカーに拡大、一、〇〇〇エーカーの借地を加えて合計四、〇〇〇エーカーを耕作している。このうち二、〇〇〇エーカーは乾燥した砂地のために、スポーケン川から大規模な灌漑設備を用いて取水・散水している。数百メートルはあろうかと思われる長いエンジン車輪つきの散水機が、地中から出た導水管を軸に大きく回転する灌漑設備である。おそらく上空から眺めれば、砂地の中に麦畑の緑色の大きな円がくっきりと描かれていることであろうと思われる。このコロニーの主要農作物は麦などの穀類、豆類、馬鈴薯それに牛乳である。このスポーケン・コロニーにおいても、鐘の合図で起床し鐘の合図で朝食を共同食堂でとり、八時から農作業がはじまる一日のスケジュールはペンブルックと大差はない。

このコロニーのポール・グロス牧師（写真12）はハッタライト史の研究家であり、わたしの質問には適確にまた親切に答えてくれたのは何よりであった。かれの著書 *The Hutterite Way* あるいはハッタライト信仰の基本が記されたリーデマンの『信仰告白書』もかれからいただいた。ペンブルックではとくにきびしく禁じられたが、スポーケンでは礼拝やのちに述べる小学校の様子も録音することができたし、写真撮影もグロス牧師の好意で許可された。

第三節　家族の構造と機能

1　家　族

セクト研究で著名なウィルソンが指摘するように(16)、ハッタライトは世俗世界に対する反応において世界を原罪に染まった悪そのものとみなし、それに対して無関心ないし逃避することにより救済を求める内省主義的セクトである。さらにその徹底した形態ともいえるが、かれらは私有財産制を否定し、生産と消費という両経済生活を共有にする財産共同体を孤立した場所に構築し、いわゆるコミュナル・ライフの実践を特徴とする宗教集団である。こうした事実に加えて、外部社会からの新規加入を認めないこの集団の長期的存続にとり必須といえる成員補充は、内部からのそれが最も有効であり、そのための努力が組織的に試みられる必要性はいうまでもない。つまり、結婚生活を奨励し、次世代を生み育てる家族を形成することこそ、大きな課題というべきである。家族は潜在的成員を継続的に供給するすぐれた源泉にほかならないからである。さらに、この潜在的成員を宗教的に社会化することを通して正規の成員に育成する努力も必要であろう。本節では、ハッタライト家族の構造と機能の問題をとりあげよう。まず、家族の姿から述べることにする。

もちろん、ハッタライトもキリスト教的伝統にしたがってきわめて厳格な一夫一妻制をとっている。かつてのモラヴィア時代においては、長老による配偶者決定に従うことが求められていたが[17]、今日ではほとんどの場合、個人的に配偶者を選択する。とはいえ、宗教的内婚制がきびしく課せられ、かつそれもシュミード群の者はシュミード群の者と、といった具合に同一群（Leut）内に限定されているために、配偶者選択の範囲は自ずと狭くなるのは当然である。この場合、大きな影響力を持つのが仲間集団あるいは親族集団である。

学校教育を終えて一五歳をすぎると、若者は他のコロニーに労働者として応援に出掛けるなど、かなり頻繁に他のコロニーを訪れる機会がある。このきわめて濃密なコロニー間の相互交流が若者に配偶者選択の好機を提供しているという。とくに多い事例は親族訪問であるように思われる。たとえば次のような事例である。ペンブルック・コロニーに婚入した女性の妹がカナダのコロニーから姉を訪ねて、ペンブルックの若者と親密になる。あるいはペンブルックの若者が姉の婚入先のコロニーに労働者として応援に行き、そこで適当な女性と出会う、といった事例である。さらには具体的に兄や姉が弟や妹に配偶者を紹介するためにコロニーに招くこともある。ハッタライトにおいては、夫同士が兄弟でまた妻同士も姉妹であるという婚姻形態が好まれており、その事例はかなりの数にのぼっているようである。この種の婚姻形態は、とりわけコロニー内部あるいはコロニー間の連帯性と安定性を再強化する傾向を多分に有しているといえよう。同一コロニー内での配偶者決定は禁じられているわけではないが、ほとんどみることはできない。

若者同士の結婚への意思が固まると、双方のコロニー全員の同意を得たのち、女性側のコロニーで結婚の式典が挙行される。結婚式は通常の日曜礼拝に続いて行なわれる。かれらの場合、とくにウェディング・シーズンはない。式は牧師によるいくつかの質問そして誓約へと続く。夫（妻）がハッタライト信仰を失い、コロニーを離脱するような事態が生じたとしても、決して妻（夫）を伴わない、との誓約は興味をひくところである。この婚姻は新郎新婦二人だけの意思によって成立するのではなく、神の意志と誡めによるのである、という『信仰告白書』の言葉を用いての牧師の宣言で結婚式は終わる。

ハッタライトの場合、例外なしに夫方居住制であり新婦は新郎側のコロニーに婚入する。婚入してきた新婦にとり重要なことは、かの女が何々家の出自であることよりも、何々コロニー出身であるということである。事実、かの女たちは何々コロニー出身と答えてくれるものの、何々コロニーの何々家とは決していわない。これもハッタライトにおける家族の地位、すなわちコロニーが何にもまして優先し、それに仕える家族という家族のコロニーに対する従属的地位を如実に物語るエピソードということができよう。

この新婚夫婦のために、牧師あるいは執事の妻がその任に当たる女性執事（Haushälterlin）がかれらの新居を指定し、家具その他一切の生活必需品をアレンジする。かれら自身でこれらの品々を準備する必要はまったくない。新婦は同一群に属するコロニーの出身ではあっても、慣習に若干の異なりがみられる夫方コロニーに一日も早く適応しなければならない。彼女はすでに婚入先コロニーを訪問した経験を持っているかもしれないし、兄弟姉妹の誰かが居住しているかもしれない。したがってこの適応は比較的容易だという。いずれにせよ、今やかの女は従来の未婚女性の地位から既婚女性の地位に上昇し、妻として夫に仕え、母親として子供の世話をし、さらにはコロニー・ワークの重要な担い手として女性執事の監督指導下におかれるのである。

これに対して、新郎は結婚後もかれ自身慣れ親しんだ自らのコロニーでの生活を続ける。したがって新婦のように新しい環境に適応する必要はない。しかし、その人生途上でかれのコロニーが分封するといった事態になれば、コロニーの決定に従って、かれおよびその家族は従来のコロニーに留まるか、あるいは新設コロニーに移転しなければならない。ともかく、かれは夫として父親として、そして何よりもコロニーの働き手として重要な役割の一端を担うのである。時として部局責任者として一層の専門的知識と技術を磨く必要もあるだろう。やがては選ばれて執事あるいは牧師といったコロニーの中核メンバーとして活躍することもあるだろう。こうした役職は既婚の地位にある者でなければならないからである。

ハッタライトは男性中心の社会ということができる。コロニーの役職――牧師、執事、部局責任者、学校教師など――、公的意志決定はすべて男性既婚メンバーのみに限定されているからである。家族内の事柄に関する決定権も男性の掌中にあるといわれる。「まず第一にわれわれはいう。すなわち、女性は男性からとられたのであり、男性が女性からとられたのではないゆえに、男性が支配権（Herrichkeit）を有している。女性はか弱く、謙譲で柔和である。したがって、女性は男性のくびき（Jach des Mannes）のもとにあり、男性に服従しなければならない」と、『信仰告白書』が規定しているからである。[18] しかしながら、女性の地位がこのようにフォーマルなかたちでは限定されているとはいえ、インフォーマルではあっても女性の影響力、とりわけ家族内におけるそれはかなりのものがあるという。たとえば、女性の職場である調理場の設備改善のごときコロニー・レベルの問題に際して、夫を説得して間接的な影響力を行使することはしばしばであるという。ハッタライト研究を進めている社会学者ジョン・ベネットの「女性により助けられ支えられている男性社会」（society of men aided and assisted by women）というハッタライト社会の規定は、当を得た表現であるということができるであろう。[19]

コロニー・ワークにおける性による分業は明白である。男性は農場で高性能の大型農業機械を駆使して農耕にはげみ、同じく高度に自動化された畜舎で乳牛、豚を飼育し、また鶏舎や七面鳥舎で数万を数える家禽類を飼育している。他方、女性は唯一の役職者の女性執事の指揮のもとに、調理場でコロニー全員の食事の準備をし、パンを焼き（写真13）、保存食料を作り、洗濯場で働きそして各家族の家事の責任を担うのである。母親がコロニー・ワークに従事している間、選ばれた若い女性には保育所で幼児の世話が委ねられる。菜園と果樹園は女性の責任領域である。先ほど引用したベネットはハッタライトにおける性役割について次のように述べている。「ハッタライトの男性は第一にコロニーの市民であり、第二に役職者であり、第三に労働者である。女性は第一に主婦、母親であり、第二に労働者で

写真13　週に1度のパン焼きをする女性（スポーケン・コロニー）

あり、第三にコロニーの市民である。男性および女性の役割行動に関するすべての側面は、こうした役割の分類から論理的に導き出されている」と。[20]

2　家族の機能

上に述べたような構造を有するハッタライト家族にみられる機能はいかなるものであろうか。コミュナル・ライフを営み、つねにコロニーに対して従属的地位におかれている家族であれば、一般に広くみられる家族の機能とは、当然異なりの存するであろうことが予想される。以下、アメリカの社会学者で名著『社会構造』で知られるジョージ・マードックによる家族の基本的機能を手がかりに、ハッタライト家族の機能を観察していくことにしよう。[21]

マードックは家族の機能として、第一に性的、再生産的機能をあげているが、ハッタライト家族においても充分に機能しているということができる。産児制限に対するタブーと多産が最も望ましいとされるかれらにあっては、子供の数はいたって多く、年齢的に出産の可能性がないと考えられる完成家族の平均子供数は一〇・八である。[22]これらの子供がのちに

写真14　ハッタライトの子供たち（ペンブルック・コロニー）

述べる宗教的社会化のプロセスを経て、ハッタライトの正規のメンバーとなるのである。この意味で、ハッタライト家族は成員のすぐれた補充機関として機能しているといえよう。アメリカ、カナダにおけるハッタライトの急成長は、何よりもかれらの多産性と宗教的社会化の効果に負うところ大であると考えられるのである（写真14）。

次に、家族は生産（収入）と消費という経済面におけるひとつの単位として機能することが指摘される。しかしながら、コミュナル・ライフを実践するハッタライトの経済生活は家族というよりコロニー・レベルで営まれる。コロニー・ワークに対する報酬が、労働を担当した個人に支払われることは決してない。強いていうとすれば、間接的な現物支給とでもいうべきである。各家族には適切な住居が提供され、食事もすべて共同食堂でとられる。家具、衣類その他の生活必需品の一切も必要に応じて分配される。医療費、教育費、その他あらゆる費用は、家族ではなくしてコロニーの負担なのである。したがって、執事が保管し記入するコロニー会計簿は存在しているが、家族単位の家計簿の必要性はないのである。このように、ハッタライトにおいては家族を単位とする直接的な経済的機能をみることはできないのである。

さらにまた、ハッタライト家族における教育的機能も、きわめて限定された領域で遂行されているにすぎない。すなわち、ここでの教育的機能は誕生直後から三歳になるまでの乳幼児期の養育、社会化の初期段階に関与するのみだからである。子供たちは誕生から結婚時まで自らの家族と起居を共にするが、三歳以上になると、家族はこの教育的機能のほとんどを保育所、学校といったコロニー設置の教育機関に委譲し、家族の手を離れることになるのである。

以上、述べてきたことを要約すれば次のようにいうことができよう。

ハッタライト家族は厳格な一夫一妻制をとり、夫方居住と群（Leut）内婚を実践している。男性は女性に対して支配権を行使し、コロニー内のあらゆる役職、意志決定機関は男性の専有である。個々人と同じく、家族もコロニーに対して従属的地位を持つにすぎない。したがって、血縁関係は父系に重きをおく傾向がみられるとはいえ、つねにコロニーが第一義的重要性を有しているといえる。

一方、ハッタライト家族においては、ひろく一般に指摘される家族の機能のいくつかが欠如した姿を観察することができる。マードックによる家族の機能に依拠すれば、ハッタライト家族における性的・再生産的機能はむしろ第一義的にみられ、その結果として家族はその成員補充の重要な源泉として大きく機能している。それに比して、家族単位の経済的機能はほとんどみるべきものがなく、すべての成員は家族単位ではなくコロニーの経済に完全に依存している。たしかに各成員はコロニー・ワークとしての諸活動に従事する。しかし、個々の家族の消費と福祉が直接的に家族による経済活動に依存しているわけではない。同じく教育的機能に関しても、家族はその責務の大部分をコロニーに委譲している。保育所、学校といったコロニー・レベルでの社会化のシステムが効果的に作動するからである。ハッタライトにあっては、このことからすれば、家族においては家族の再生産的機能がそしてコロニーによる方向付与的機能が、大きな重要性をもっていると考えることができるであろう。

第四節　宗教的社会化

これまでに明らかにしたように、ハッタライトは財産共有制をとりコミュナル・ライフを実践するセクト的宗教＝社会集団である。しかも外部社会からの新規加入者を固く拒絶しているかれらにあっては、その集団組織を永続的に維持していくためには、当然のことながら、成員補充を集団内部に完全に依存しなければならない。この目的実現のためにハッタライトにおいては、潜在的成員ともいいうるかれらの次世代を、コロニー共同体レベルでの社会化、とりわけ宗教的社会化を通して、正規のメンバーに養育する集団的組織的努力が実施されているのである。すなわち、この共同体の成員は個人あるいは家族にもまして共同体に忠誠を保ち、何よりも共同体の意志に服従するものでなければならない。個人あるいは家族レベルにおける欲求、関心の重視そしてその実現は、コミュナル・ライフを実践する財産共同体としてのハッタライトを、重大な存続の危機に陥れる可能性を含み持っているからである。

それでは、ハッタライトにおいてこの宗教的社会化が目標としているところはいかなるものであるのか。ホステトラーたちは次のように要約している[23]。

ハッタライトの見解では、個人の意志は圧殺されなければならない。このことは早い時期に、とりわけ幼児期に達成され、死ぬまで継続して再強化される。自己実現に代わって自己否定でなければならない。個人は謙遜であり従順であらねばならない。およそ二〇年にわたる強力な教化ののち、個人は共同体の教説を意志的に受容するように期待される。罪ある自己と関連する良心の呵責、屈辱、嫌悪感を告白しうるようになったとき、かれは洗礼を志願する。ちょうど一粒の麦が粉に挽かれて一塊のパンとなるように（リーデマン）、個人のアイデンティティは共同体に融合されなければならない。

自己発達ではなく、自己放棄がハッタライトのゴールである。個人の意志ではなく、共同体の意志が重要となる。大多数にとって善であることが、誕生から死までの人生のすべての段階で統御する。人間の本性は誕生以来罪あるものであるがゆえに、ハッタライトは教育を自己改善の手段ではなく、「神についての知識と神を畏れること」を子供に移植するための手段として位置づけている。「自己放棄した人にのみ働き給う神」ゆえに、個人は共同体の意志に服従しなければならない。共同体は神の意志によるものだからである。

要するに、ハッタライトにおける宗教的社会化の目指すところは、次世代をしてすぐれたハッタライト成員に養育することにほかならない。かれらは財産共同体、コミュナル・ライフを実践する宗教＝社会集団であり、したがって成員のすべては自らが所属するコロニー共同体を、あらゆる面において第一義的に優先させなければならない。つまり、成員はつねに共同体の意志を他の何物にもまさって優先させ、個人の存在意義は自己実現ではなく自己否定でなければならない、ということである。それゆえに、ハッタライトでは「自己放棄」（Gelassenheit）がことのほか強調される。[24] そして、この自己放棄を実現する実践的行為が財産共有制をとる共同体（Gemeinschaft der Güter）の形成と、そこでのコミュナル・ライフの実践にほかならない。かくして、この自己放棄の内面化こそが、ハッタライトにおける宗教的社会化の目標とする具体的内容であるということができよう。

次に、ハッタライトで実践されている宗教的社会化のすがたを、年齢別集団に分かってモノグラフ的に述べることにしよう。

写真15　放課後に乳児の世話をする少女（スポーケン・コロニー）

1　乳児（〇―二歳）

新生児は神の賜物であるとして、家族はもとよりコロニー全体から祝福される。出産は自宅で行なわれるのが通例という。母親は六週間コロニー・ワークを免除され新生児につき添う。六週間が過ぎて体力が回復すると通常のコロニー・ワークにもどるが、授乳時には帰宅が許される。母乳で育てるのが最善と考えられており、いわゆる人工栄養は極力避けられる。母親がコロニー・ワークで不在時には高齢の女性が面倒をみるし、また少女たちが放課後それぞれ割り当てられた乳児の世話をする。少女たちが乳児の傍らに群がり、競って抱いたりあやしたりする光景はしばしばみかける（写真15）。この時期の乳児はコロニーのすべての者から愛され、とくに母親の寵愛を一身に集める最も自由で幸せな時を過ごしているといえよう。乳児は成長するにしたがい、徐々に自己放棄が求められ、コロニーの規範に同調しなければならない。さらには、割り当てられたコロニー・ワークに従事しなければならなくなるからである。

ハッタライトは十六世紀の再洗礼派の系譜を有する宗教集団であり、生後間もない乳児に小児洗礼を授けることはない。

この子が洗礼を受けるのは、自らの自覚的な信仰告白が可能な年齢、一般的には二〇歳前後になってからのことである。宗教的訓練は乳児が若干の固形物を摂取しうるようになった頃にはじめられるという。母親が赤ん坊の手をとり、食前食後の祈りを一緒にとなえる。赤ん坊は自ら進んで手を組むようになるという。赤ん坊が朝目覚め、夜眠る時も、母親は祈りを繰り返すという。(25)

2　幼児（三—五歳）

幼児が三歳になると保育所（Kleinschul）に入る。Kleinschul はドイツ語で小学校の感もあるが、意味は「小さな子供のための学校」である。しばしば kindergarten と英訳されている。しかし、nursery といった方が実態に即していると思われるので、「保育所」とここでは訳しておこう。

保育所はすでにモラヴィア時代に設置されており、リーデマンは「離乳後ただちに学校に収容する」とし、「教会によって任命された姉妹が子供の世話をする。……子供が話ができるようになると、その口に神のことばをおいてやり、かれらを教え聖書のことばを聞かせ、祈りや子供が理解できるようなことを語りきかせる」と述べている。(26) しかし、今日のハッタライトにおいては、このモラヴィア時代からの伝統にしたがいつつも、三歳から五歳までの幼児を対象とし、乳児は除外されるなどの若干の変更を加えて保育所を維持している。保育所は共同棟の調理場近くに設けられている。二、三の部屋からなり、その一室は暗くすることができ、ここで幼児は昼寝をする。別の部屋は食堂あるいは遊戯室として用いられる。高齢ではあるがしかしまだ充分に働ける女性が監督し、「教会によって任命された姉妹」が交代で保母役を担当するのである。

幼児は母親に連れられて朝七時頃には保育所に来て、母親のコロニー・ワークが終了する六時頃まで留まる。三度の食事も保育所で与えられる。保育所にいる間、幼児が遊具を用いて遊ぶ姿をもちろんみることができる。保育所で

写真16　コロニーの保育所（ペンブルック・コロニー）

使用されているスベリ台、ブランコ、乗物など木製遊具は、のちに述べるハッタライトと密接な関係を持っている「兄弟会」の製品である。(27) 食事時には保母に導かれて食前食後の祈りを唱えるが、さまざまな祈りや讃美歌をほとんど機械的な暗記法で覚えさせられている。リーデマンは「祈りや子供が理解できるようなことを語りきかせる」とは述べている。しかし、わたしのみるところ、その具体的内容や意味について保母が分かり易く説明している様子はうかがわれず、ただ暗記すること自体に意味がある、といった印象をうけた。

この保育所における保母の幼児に接する姿勢に、わたしはかなりの興味をひかれた。遊具を奪いあったり、大声でどなり叫んだりした幼児に対して、保母とりわけ高齢女性は厳しい毅然とした態度でのぞみ、時には鞭で打つことすらみかけた。われわれの社会の保育所や幼稚園では、まずお目にかかることのない光景であった。かれらは正しい行為を学習させるには、ある程度の体罰をともなうペナルティが必要であると信じているからである。たしかに、われわれの目からすれば、いささか厳しすぎるとも感じられる。とはいえ、こうした厳しさの中にも至るところに幼児への思いやりと愛情が感じられ、あたかも本当の親子を思わせるような光景に幾度も出会ったことも、とくに記しておかなければならないだろう（写真16）。

さらに、保育所においてかれらは幼い年齢であるとはいえ、初歩的な宗教教育と共に、日中の大部分の時間を家族と離れて過ごし、コロニー共同体の一員であることの第一歩をも学ぶのである。そこでは可能な限り自己主張は抑制され、その年齢集団の仲間と協調しながら自らがいかに行為すべきかを学習する。そして、保母の権威を通して、両親の権威さらにまたコロニーの権威への服従を体得し、この社会の特徴でもある年齢秩序による階層の最も低いステータスに位置づけられている自己をも確認するのである。他方、母親は幼児を保育所に委ねることによって手を煩わされることなく、調理、洗濯、製縫、菜園作業といった女性専用のコロニー・ワークに従事することが可能となるのである。

3　児童（六―一四歳）[28]

宗教的社会化の次なる段階は六歳から一四歳までである。この期の児童にはコロニー共同体の成員としての準備が的確に意図されており、かれらが共同体のために自己放棄をし、共同体の目的とするところに寄与すべき特定の課題を学ばなければならない最も重要な時期でもある。かれらの教育を全面的に担当し、その全責任を委ねられているのは、コロニーによって選出された学校教師（Schulmeister）およびその妻（Schulmutter）である。家族が児童期の子供に果たす役割は最小限に制約されているといってよい。この期の児童のために現在のハッタライト・コロニーには二種類の学校、すなわち小学校と英語小学校が設置されている。前者についてはやや詳しく述べよう。

(1)　小学校

ハッタライト社会において、保育所と並んで今日みることのできる第二の伝統的教育機関は小学校（Grossschul）

と呼ばれるそれである。しかし、保育所と同じく名称が与える印象とは異なり、実態は「大きな子供のための学校」であり、むしろ小学校に近いので「小学校」の訳語を用いることにしよう。ハッタライトの最盛期モラヴィア時代には、この小学校は寄宿制であり、ひとりの教師の手にこの期の児童の教育の全責任が委ねられた。「かれら［児童］はかれらが仕事を習得できるようになるまで、学校で教師とともに過ごす。そして時がくると、その才能・特技にしたがって［仕事に］まわされる。このような教育がなされてかれらが神を知り神を信じるようになると、その信仰告白にもとづき洗礼が授けられる[29]」と。

しかしながら、今日ではモラヴィア時代の小学校とはかなりの変更を余儀なくされている。のちに述べる英語小学校（English school）の設置が州の文部当局により義務とされたためである。かつては小学校で過ごされていた時間の大部分がこの英語小学校出席のために費やされ、今日では小学校の授業はその前後あるいは休暇中の午前中に開かれている。現在の小学校の主たる目的は児童に対する宗教教育とドイツ語教育に限定されている。ハッタライトの宗教用語もまたドイツ語だからである。児童は英語小学校での英語をはじめとする州のカリキュラムに従った教育と並行して、ドイツ語を読みかつ書く訓練を受けるのである。このようにドイツ語を主として教えるために、今日では英語小学校に対して「ドイツ語小学校」（German school）とも呼ばれている。とはいえ、ハッタライトがこの伝統的小学校を依然重要視していることは変わりない。

小学校における教育の全責任はコロニーによって選出された既婚男性教師に委ねられる。教師の地位はコロニーの最高指導者である牧師のもとに、執事と並ぶ重要性を持っており、コロニー委員会（Zeugbrüder）を構成する主要メンバーのひとりである。日曜の礼拝時には必ず正面ベンチに座して出席の児童を見守り、食事時には子供用食堂で監督する（写真17）。この時ひとりの女性（Schulmutter）が加わる。教師の妻が一般的である。かの女は食堂のテーブルに食物と飲物をととのえ、子供たちの食事の世話をし、食事のマナーを教える。彼女はさらに、食堂の清掃、テー

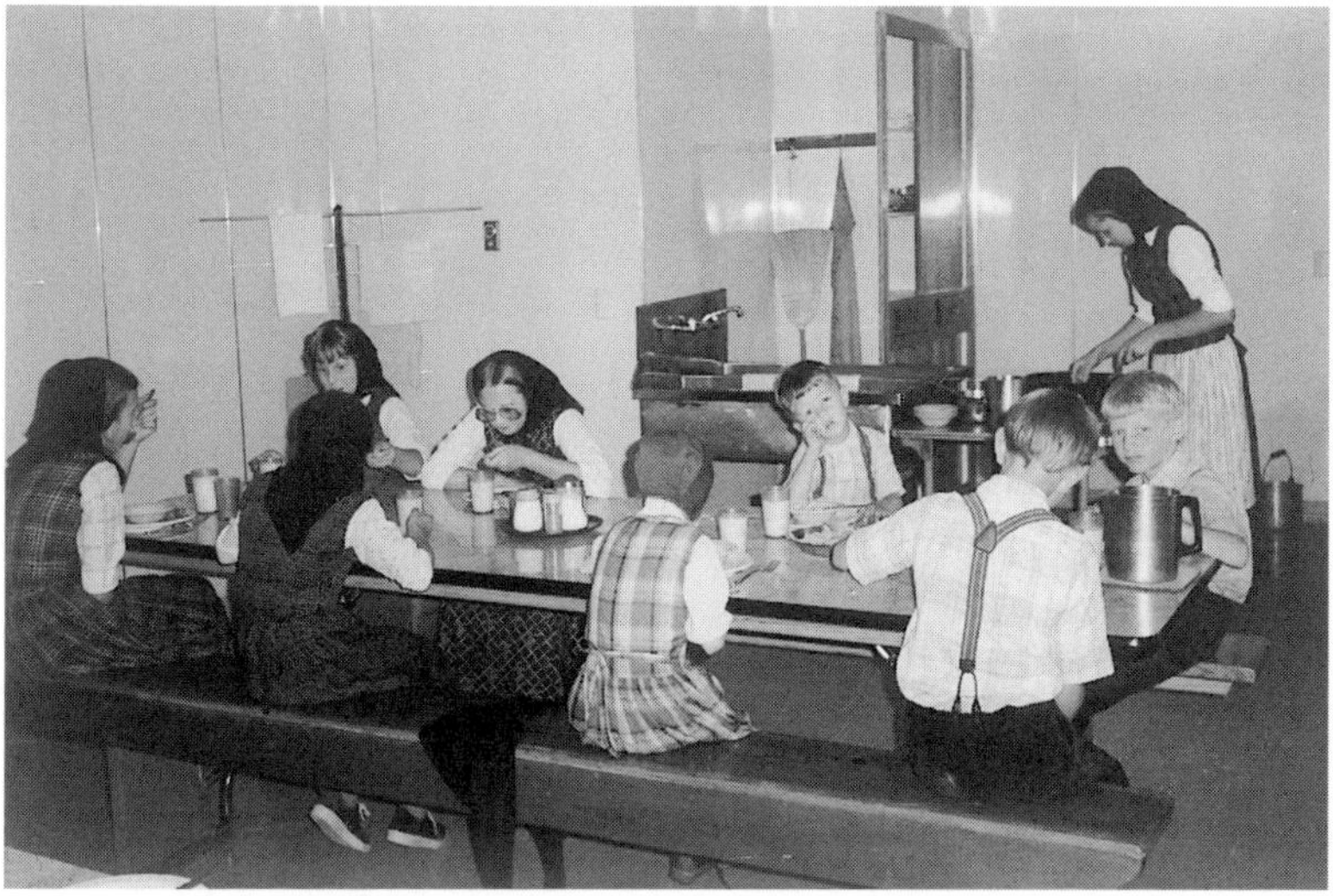

写真17　子供用の食堂（スポーケン・コロニー）

ブルのセット、皿洗いなどを少女たちに指示するが、夫である教師の専管領域である宗教教育に立ち入ることはできない。少女たちに女性としての地位と役割を学ばせ、将来のコロニー・ワークの備えをするのみである。

教師は児童の信仰に関してのみでなく、あらゆる生活行為に全責任を負っている。小学校での授業中かれは鞭を手にしており、反抗や悪しき行為、注意を重ねても学習態度が是正されない場合など、容赦のない鞭打ちがしばしばみられる。教師に対する反抗は絶対に許されない。体罰の厳しさにはかなりのものがあり、中には泣き出す子供もいるほどである。この小学校にはいわゆる学年制はないといってもよい。児童にはかれ自身の進捗度にしたがって初級から上級の教材が与えられる。六歳児には初歩的ドイツ語読本が、上級生になればルター訳聖書、聖書物語、そしてハッタライト史などが与えられている(30)。

児童はこの小学校でドイツ語をほとんど暗記法といってよいような方法で学び、聖書のことばやハッタライト讃美歌を諳んじなければならない。さらに、ここでは書き方をも練習する。かれらの場合、多くの印刷物を持ってはいるが、書物

写真18　ハッタライト小学校の授業風景（スポーケン・コロニー）

を筆写する伝統をも有している。とくに、礼拝時に朗読される説教本の筆写は重要である。ハッタライトの礼拝では牧師個人による説教は許されず、かれらの父祖たちの説教が筆写されて代々伝えられており、礼拝時にそれが朗読されるという伝統である。したがって、すべての者とりわけ女性はドイツ語の筆記体書法を充分身につけることが要請されるのである。この書法を身につけることは、ハッタライト成人女性のひとつの条件でもあるという。夫が説教者に選出された場合には、妻、娘その他の女性が十数冊にもおよぶ説教本の筆写をしなければならないからである。

小学校の最大の目的は児童がドイツ語力を充分身につけ、かつハッタライト信仰の基本を学ぶことにある。このことはハッタライト生活の中核的部分であり、これを身につけずしてハッタライト生活を円滑に営むことは不可能に近い。小学校の課程が効果的に作動することにより、メンバーの内部補充は継続的に確保することができ、ハッタライト社会はスムースに伝統的社会関係と機能が遂行される、といっても過言ではないであろう。

しかしながら、モラヴィア時代のように、教師の責任のもとで「仕事を学ぶ」という姿を今日みることはできない。とはいえ、児童は放課後指示された部門において、成人たちと共にその年齢に相応じたコロニー・ワークに従事する。小型トラックや農業機械をコロニー内ではあるが、上手に運転する少年を幾度もみかけたし、中には旋盤機で鉄板を切断したり、溶接技術をすでに習得している少年すらみかけた。指定された乳児の世話、あるいは調理場、洗濯場で成人女性の手助けをする少女たちの姿はつねにみられた。われわれの社会においては、おそらく成人の役割と考えられる分野の作業を、ここの小学校児童はすでに果たしているのである。

児童が一五歳の誕生日を迎える前日、教師はその児童を伴なってかれ（かの女）の家を訪ね、両親の前で自らの児童に対する教育の任が終了したことを告げる。一五歳の誕生日を迎えた若者は、今や教師の指導と監督のもとをはなれ、肉体的には成人として取り扱われることになる。もはや子供用食堂ではなく、成人用の共同食堂の末席で成人メンバーと共に（かれらはそれを bei die Leut という）食事をとることが許され、コロニー・ワークを遂行する重要な役割を担う一員として遇されるのである。

ハッタライトには今ひとつの教育機関として、日曜学校（Sontag Schul）がコロニーに設置されている。小学校に入学する六歳から二〇歳前後の洗礼を受けるまで続けられる。しかし、ペンブルックでは教師による指導をはなれる一五歳から実施されている。したがって、次項でふれることにしたい。

⑵　英語小学校

外部社会から相対的に孤立したところにコロニーを設立し、独自の伝統的教育体系を実践しているハッタライトといえども、その児童がアメリカ合衆国あるいはカナダ市民として国家による教育制度の枠内に組み込まれている限り、文部当局が実施するいわゆる義務教育を当然うけなければならない。この要請に応じて各コロニーに設置された小学校を、かれらは English School と呼んでいる。授業が英語で行なわれるからであり、とりあえず「英語小学校」と訳しておこう。

英語小学校には六歳から一四歳までの児童が通学し、州政府が定めたカリキュラムに従った教育が行なわれている。この英語小学校のスケジュールのゆえに、伝統的な小学校はその始業前、放課後あるいは休暇中の午前中に開かれることになった。英語小学校の教師は州の教員免状を有する有資格者でなければならないために、ほとんどの場合、コロニーが所在する町の学校委員会が推薦する外部からの教師を雇用している。ハッタライトと宗教的に類縁関係にある再洗礼派の系をもつメノナイト派信徒であることが多いということである。たとえば、ペンブルック・コロニーの事例のように、コロニー内に有資格のメンバーがいるとすれば、コロニー・メンバーが教師に就任することもあるが、現在ではまだ稀なケースである。校舎（一教室がほとんどである）の建設費、維持費そして教師給はすべてコロニーの全面的負担である。

一部の指導者は、ハッタライトといえども外部社会とある程度の交流は不可避であり、そのために英語力は必要であるがゆえに、子供に英語を学ぶ機会を与えるべきだ、と英語小学校を肯定的に評価している。しかし、この見解はむしろ少数派と思われ、多くの指導者は英語小学校のもたらすマイナス面を強く指摘している。ドイツ語を主体とする伝統的な小学校が、ハッタライト信仰およびその基本的な生活法を教えるのに対して、英語小学校は「この世的知識」を教えるにすぎない、と。さらに、かれらは外部からの教師がハッタライトが禁じている進化論をはじめとする近代思想、テレビその他の現代的利器、そして何よりも教師自身が信ずる宗教信仰をコロニーに持ち込む危険性をおそれている。そのために、可能な限り通勤の教師を求め、教師用住宅を提供する場合でも、それをコロニーの居住区のはずれに建築し、危険をできるだけ防止する方策を講じる。もし、教師側に上記のような危険な動きがみられるとすれば、牧師が即座に厳重な注意をするという。

いずれにしても、英語小学校がハッタライトの伝統的生活法の刷新に、強力なインパクトを与える可能性を持つことを極端に危惧している。これを避けるために、コロニー・メンバーを教師に養成して任用する試みも一部で行なわれており、ペンブルックもその一例である。しかし、英語小学校卒業者が検定試験に合格し、大学通信教育を受けるにはかなりの困難が存しているし、大学を首尾よく卒業したとしても、コロニーに帰らずに離脱するというケースもあるようである。したがって、外部からの教師であっても、その教師を可能な限り監視し、他方では自らの教師が指導する伝統的小学校における教育を強化、充実させることの方が、現状では賢明な方策であるとの見解が強いようである。

それではこの英語小学校に対して、児童はどのような評価を与えているのであろうか。わたしがペンブルック・コロニーに滞在した時はちょうど夏期休暇中であったが、教師のデッカー氏（かれは英語小学校のみならず、伝統的小学校の教師でもある）に依頼して、「文章完成テスト」を試みた。その中の設問「学校……」について記しておこう。回答した児童は一一名である。そのうち学校が good, fun とした積極的評価は四名、すべて女子児童である。「五月十六日に終業した」などの中立的回答が二に対して、「世界で最も悪いところ」などをふくむ否定的評価が五名（うち四名は男子児童）であった。デッカー先生も「子供たちは英語小学校をあまり好きではないようだ」と、回答をみて苦笑したことを思い出す。スポーケン・コロニーの教師はメノナイト派信徒ということであったが、「コロニーの子供は町の子供と全然違っている。知能が低いわけではないが、アチーブメント・テストの成績は話にならないほど悪い。しかも、かれらはそれをまったく意に介さない」とむしろ嘆いていた。ここでは「文章完成テスト」の実施は拒否された。

こうした児童の英語小学校に対する評価は、文部当局の要請に対応して不本意ながら設置された英語小学校に対するハッタライトの基本的姿勢を、明確に投影していると推察されて興味深い。英語小学校はいわば「妥協」の産物として伝統的教育機関に併設されているにすぎず、それ以上に宗教教育とドイツ語教育を中核とする固有の伝統的小学校に高い価値がおかれているのである。それがハッタライトのウェイ・オブ・ライフと論理意味的な斉合性をもっているからであろう。

4　青年（一五歳―洗礼まで）

一五歳の誕生日を前にした児童は小学校教師を訪ねる。教師はかれ（かの女）に、忠実なコロニー成員になること、コロニー・ワークに勤勉に従事すること、年長者の指示に従順に服従すること、信仰を生涯を通して全うすることなど最後の忠告を与える。そして誕生日の前日、教師はかれ（かの女）を伴なって両親を訪ね、小学校における教育プロセスのすべてが終了したことを告げ、両親に児童を返すのである。若者はここで教師の指導と監督のもとをはなれ、一人前の成人として遇されて待ちに待った成人用食堂で成人と共に食事をとることが許される。また、かれらには家族内でも独立した自室とchestと呼ばれる個人の所有物を収納する木製の箱が与えられる。この若者の新しい地位に対するコロニーの儀礼的承認の手続きはないようである。

かれらはもはやかつての軽労働ではなく、成人労働者として日常的なコロニー・ワークが割り当てられる。朝食後にその日の作業が指示され、日中その作業に勤勉に従事しなければならない。とはいえ、コロニー・ライフへの準備期間として約二年間は依然見習いの地位にとめおかれ、部局責任者のきびしい監督下におかれる。さらに、他のコロニーに応援労働者として、あるいはゲストとして訪問が許されるのも一五歳になってからである。

若者は肉体的には一応成人と認められたとしても、未受洗である限り宗教的には未熟であるとみなされ、日曜の午後に開かれる日曜学校への出席が義務とされる。一般には日曜学校は六歳から洗礼を受ける二〇歳前後まで続けられるというが、ペンブルックでは一五歳からということであった。『信仰告白書』には記載されていないとはいえ、今日のハッタライトの間では保育所、小学校とならぶ教育機関として承認されている。

日曜学校は実質的には小学校の延長とも考えられる。小学校教師が引き続き担当するが、スポーケンの事例のように牧師が担当することもある。基本的にはかれらに「自己放棄」をふくむハッタライト信仰の綱要を教え、洗礼にまで至らせることを目的とし、具体的には『教理問答書』(31)の暗記、ハッタライト讃美歌、午前中の説教の解説などがなされる。

洗礼のための特別教育が入念に実施されるのもこの時期であり、洗礼式に先立つ六週ないし八週の期間行なわれる。十六世紀の再洗礼派の伝統にしたがいハッタライトは成人洗礼のみであり、女性は一九歳から二〇歳、男性は二〇歳から二二、三歳位までに執り行なわれる。洗礼はハッタライト社会における最も重要な通過儀礼ともいうことができよう。宗教的社会化の入念なプロセスが終了して洗礼を受けることによってのみ、この共同体社会におけるメンバーシップが獲得されるからである。すでに十数年にわたり、いわばこの通過儀礼の準備としての宗教的社会化のプロセスを体験してきた若者は、洗礼志願に関しても両親の説得は不必要であり、時期の早い遅いはあっても自発的志願が通例であるという。

他方、この時期の青年たちはある程度の逸脱が許容されているふしが観察される。フルメンバーとして多くの制約が待っている洗礼を前に、許される最後の「自由」を満喫しようとするのか、他の年齢層にはまったくみられない自由な行為を散見したからである。といっても、われわれの社会でみられる犯罪、非行というようなたぐいではなく、むしろささやかな逸脱という程度の行為であるにすぎない。その一、二の例を記しておこう。

わたしはハッタライト調査にテープレコーダーを持参し、小学校の授業風景などを録音したのであるが、このことを聞きつけた青年がわたしに貸してほしいという。ヒットソングのテープをもっているから聴いてみたい、と。かれは同輩グループと一緒にテープを聴いたのち返してくれた。ところが、翌日早速わたしはデッカー牧師に呼び出され、今後絶対にそういうことのないように注意してほしい、と散々油をしぼられた。小学校教師はテープレコーダーでの録音を許してくれたのに、青年に対して禁物であるのか、それともヒットソングを聴くことがご法度なのか、理由はよく分からない。また、ある夕礼拝の後のことである。数名の若者と一緒に小型トラックでコロニーの広大な農場を走り回ったことがあった。かなりのスピードで、時には事故を起こすのではないかと、いささか身の危険を感じるほどの無茶なスピードであった。それは、あたかも抑圧されてあり余ったエネルギーを、ここぞと発散させているかのような印象を与えるものであった。若い女性たちも、たとえば指輪やマニキュアなど若干の逸脱があるとは聞いたが、直接それを確認する機会はなかった。

洗礼式は一般にイースター前の「枝の主日」(Palm Sunday)に行なわれる。志願者は牧師による最後の特別教育を受ける。この時志願者は完全に自己を放棄してコロニー共同体へのまったき服従の意志を明確に表明しなければならない。洗礼式の前日、志願者はコロニー委員会からその信仰について試問され、『教理問答書』からの質問が繰返される。かれらはすでに『教理問答書』の設問と回答を諳んじているので、質問それ自体にはさほど困難を感じることはないが、ともかく緊張するひと時だという。また長年かれらの宗教教育を担当してきた小学校教師が、この時ほど緊張することはないとしみじみ語ったのも、かれの責任の重さを示して興味深い。

洗礼式においても、コロニー成員すべての前で牧師は志願者に定められたいくつかの質問をする。その中には「汝は汝の魂、身体そして汝の所有するすべてを、天にいます主に捧げ、与え、犠牲とし、またキリストとその教会に服従することを願うか[32]」という、ハッタライト信仰を象徴的に表現する質問も含まれている。そののち、牧師はひざまずいた志願者の頭に手をおき、水をそそぐ。ハッタライトの洗礼は浸礼ではなく、滴礼方式が伝統にかなった方式である。

洗礼を受けたのちは、男性は正規のメンバーとしてコロニー共同体の意志決定に参加し、役職者選出のために投票する特権が与えられる。もちろん、日常的コロニー・ワークにおいて責任ある役割が課せられることにもなる。女性の場合、コロニーの意志決定や投票に参加することが許されないゆえに、地位の上昇といった明確な変化はみられない。しかし、受洗した若者は他のコロニーでの結婚式や葬式への出席が許されるし、ある一部のコロニーでは、新たに受洗した青年たちがとくに母体コロニーなどを訪問旅行する慣習があるという。

洗礼はたしかにハッタライトにおける重要な通過儀礼であるといって差し支えない。十数年にもわたる伝統的な宗教的社会化のプロセスは、まさにこの洗礼に至るまでの周到な準備期間にほかならない。そしてまた、洗礼は何よりも結婚へのステップともみられている。受洗者でなければ結婚は許されないからである。洗礼と結婚との時間的間隔はあまり長くない方が理想とされ、結婚を真剣に考えるまで洗礼を受けない若者もいるという。洗礼を受けたもののいまだ結婚していない若者は、未受洗者集団にもさりとて既婚者集団にも所属できない、いわばマージナルな存在なのである。未受洗者であれば、先に述べたような逸脱が大目に見過ごされるとしても、受洗して正規のメンバーとなったかれにはもはやそれが適用されることはない。他方、受洗した既婚者であれば、コロニー共同体の役職者や部局責任者の地位に就くことが可能であるにもかかわらず、かれは受洗したとはいえ依然未婚者の地位にとどまるからである。結婚することによってのみ、かれはコロニーのフルメンバーシップを獲得することになり、コロニー共同体の役職者として大きな指導性を発揮し責任を果たす可能性をもつ存在となるのである。

ともあれ、今日のハッタライト社会をみる限り、本節でモノグラフ的に述べた宗教的社会化のプロセスは、いたってスムースに作動している事実をうかがい知ることができる。それゆえにこそ、一八七〇年代にウクライナから北アメリカに移住した五〇〇名足らずのハッタライトが、三つのコロニーを設立して百数十年を経過した今日、外部社会からの加入者を拒絶しながらも、四万に近いかれらが四〇〇を超えるコロニーに居住し、コミュナル・ライフを実践する財産共同体を展開しているのである。この事実は、ハッタライトにおける成員の内部補充のシステムが、いかに効果的に作動しているかを示すと同時に、脈々と継続されている宗教的社会化のすぐれた成果であると評価しなければならないであろう。

第五節　経済活動

1　ハッタライト農業

ハッタライトは創設以来今日にいたる約五世紀の長期にわたり、幾多の困難と障害とに遭遇しながらも存続してきた、というより今日の北アメリカにおいて、ハッタライト史上最大の繁栄ぶりを示している。その主たる要因のひとつとして、前節において次世代の人的資源の確保ともいうべき宗教的社会化の成果であることを指摘した。本節においては、集団の基本的宗教的理念を内面化したハッタライト成員が、どのようなかたちで生産と消費というコロニー共同体の経済活動に参与しているのか、コロニーの経済はどのように営まれているのか、といったコミュナル・ライフを実践する財産共同体としてのハッタライトにおける宗教信仰と経済の問題を考察することにしよう。

すでに述べたように、ハッタライトは農業を中心とした経済活動を営んでいる。かれらは数千エーカーにもおよぶ広大な農場を所有し、大型の近代的農業機械を駆使する勤勉な農民である。しかし、モラヴィアにおける創設当初のハッタライトは、むしろ当時の手工業製品のほとんどを生産していたといわれる。初期ハッタライト運動への改宗者は、さまざまな社会的ないし職業的背景を有していたからである。その後、ウクライナそしてアメリカへと移住するにともない、農業それも多角的農業主体の経済活動に移行している。ハッタライト史家でもあるスポーケン・コロニーのポール・グロス牧師は、こうした推移を次のように述べている。(33)

もともと、ハッタライトはさまざまな異なった職種の人々から構成されていたので、十六世紀のわれわれの祖先は、今日のアメリカにおける兄弟たちのように農業指向はなかったようである。中部ヨーロッパには入手可能で農耕に適する土地はあまりなかった。それゆえ、当時のハッタライトは多くの手工業に従事していたし、生産品のための充分な市場をつねに見出していた。しかし、可能な場合には農耕も試みられていた。というのは、かれらは幾度も穀物を略奪されたし、生育中の作物を焼きつくされた、と年代記者が記しているからである。敵は手工業産品、しばしばこれらも略奪されたり破壊されたりしたが、それよりも農作物を荒した。今日でも、われわれの祖先の手になるアンティーク――陶器、セラミック、ナイフ、フォークなどの刃物類が、家屋の壁や果樹園の穴から発見されている。かれらはその生計を得るために、さまざまな職種に就いて生産活動に従事していた。

豊かなウクライナに居住している間、土地は多くの見返りを与えてくれたので、ロシアで育った若い世代はより多く農業を指向し、陶器、刃物といった手工業生産はしだいに衰微していった。実際に、陶器、ガラス製造は高度の技術を必要とするし、移住によって必要な生産器具も失っており、ついに、こうした手工業品生産に精通しない新しい世代が出現するにいたったのである。

ハッタライトがアメリカに渡来したとき、中西部には無限の土地があった。かれらは勤勉な労働者で、豊かで広い原野を耕作したウクライナでの経験を有していた。適正な農耕に従事しさえすれば、アメリカの土壌はその報いを与えてくれる、とかれらは確信した。農業はダコタ地方のハッタライト・コロニーの主要な関心となったし、アメリカのコロニーの重要な活動ともなり続けた。かくして、農業に適する処女地を獲得していったのである。

今日、アメリカのコロニーにおいては高度に多角化した農業をつねに実践している。万一、ひとつの農作物が価格の暴落や天候不順のゆえに失敗したとしても、他の部分でその欠損を補うことが可能となるからである。あるコロニーでは、その地域で栽培が不可能と考えられていた果物を育てて市場を獲得したこともある。大きなチェーン・ストアーが一年の適当な時期に、冷凍したガチョウを幾箱も、また充分に保存された新鮮な野菜を購入した。かくして、われわれの長年の経験から穀類であれ家畜であれ、ひとつの農作物のみに依存することは賢明ではなく、時と経験が産み出したあらゆる技術的利点を用いて、多角的に広く生産することがむしろ勧められているのである。

このグロス牧師がハッタライトの歴史と自らの体験から語るように、初期ハッタライトでは改宗者がかつての職種を生かした手工業産品を生産するなど多岐にわたる経済活動を営んでいた。ところが、ウクライナそしてアメリカに移住するにおよんで、農業中心とりわけ穀類をはじめ家畜、家禽類を生産する多角的農業形態へと大きく変容しているのである。ハッタライト農業の第一の特徴としてあげることができるであろう。わたしが調査したペンブルック・コロニーにおいても、一五〇頭の乳牛、五千頭の豚、一万四千羽の成鶏、四万二千羽の七面鳥（写真19）、ガチョウ千羽に若干の羊という家畜・家禽類を主要生産品としており、それに要する飼料を農場で生産する体制をとっている。スポーケン・コロニーの主要産物は麦などの穀類、豆類、馬鈴薯それに牛乳である。

ハッタライト農業にみられる第二の特徴は、高度に合理化、機械化された農業形態であろう。同じ再洗礼派の系譜を持つアーミシュが、今日も依然として保守的な農業形態に固執しているのと好対照を示している。もちろん、アーミシュの場合は私有財産制をとっており、家族労働が主体で旧式の農機具を用い、ほとんど馬耕である。これに対して、ハッタライト農場には大型トラクター、コンバインが走り回り、広大な農地を耕作し収穫する（写真20）。アルファルファの収穫期にはダンプカーで運搬して大型サイロに詰める（写真21）。家禽舎における施餌・給水はオートメーション化されており、飼料の配合もコンピュータ制御というコロニーもある（写真22）。スポーケンでは百頭を超える乳牛の搾乳を、機械化によってたった独りで行なうといった具合である（写真23）。

何故にハッタライトはこのように高度に機械化された農業を選択・採用しているのであろうか。わたしの問いに対するグロス牧師の説明は大略次のごとくである。

そのひとつはコロニー共同体の規模と関係するという。コロニーがただひとりの宗教的指導者である牧師によって

写真19　七面鳥舎（ペンブルック・コロニー）

写真20　大型農業機械（スポーケン・コロニー）

写真21　アルファルファの刈取り（スポーケン・コロニー）

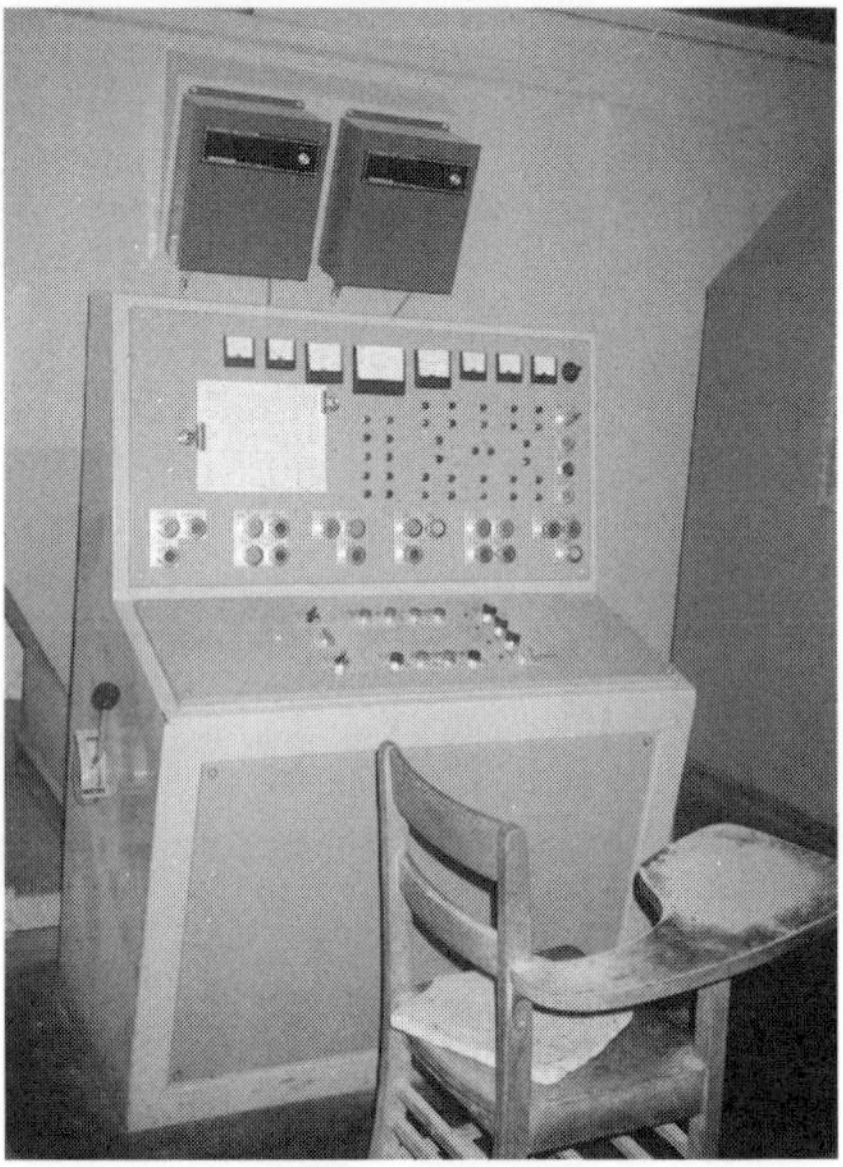

写真22　飼料配合のためのコンピューター
（スポーケン・コロニー）

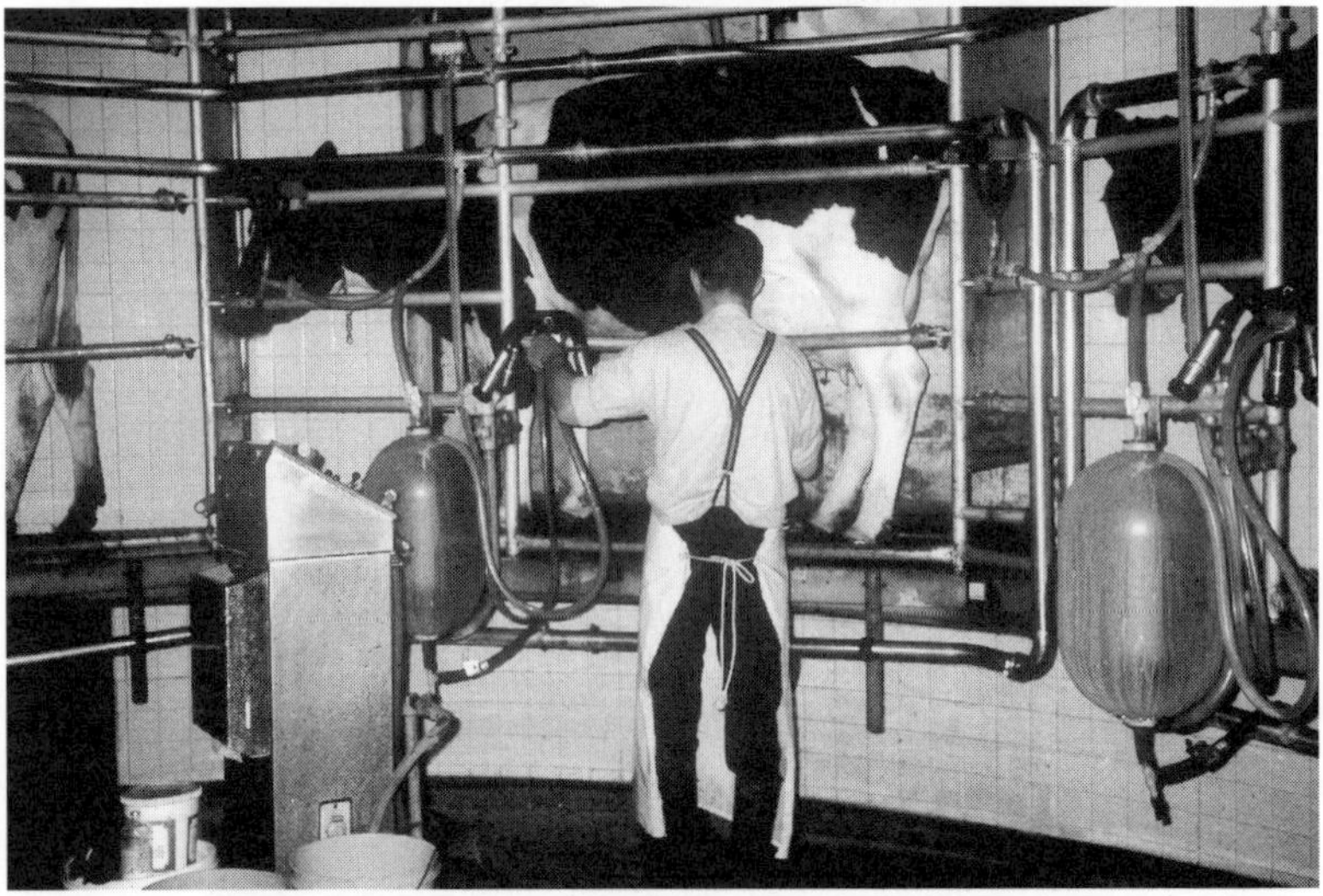

写真23　独りで操作する搾乳場（スポーケン・コロニー）

充分に指導監督できるのは、最大百名までの成員数が限度である。それ以上の人数になると、コロニーは二分される。とすれば、農業労働に従事する成人男性は限られてくる。農場での労働は男性のみの役割だからである。したがって、限定された男性労働力でコロニー経済を維持するとすれば、かなりの資本を投下した上での効率化された機械化農業を選択することになる。次に、ハッタライトにおける人口の自然増も考慮されなければならないという。かれらにはいわゆる産児制限は禁じられており、完成家族の平均子供数は一〇・八ときわめて高い(34)。したがって、コロニーは一五年から二〇年ほどの間隔で分封を必要とする程度の成員数に達する。コロニーが新設された際の負債の返還が完了したとしても、やがて現実のものとなる新たな分封のための投下資本を準備しておかなければならない。こうした理由からも、かれらは高能率の集約的農業形態を選択しているのだという。

ハッタライト研究の社会学者ジョン・ベネットの説明をも記しておこう(35)。

北アメリカ農業における商業主義と専門化は、ほどなくハッタライトに集約的農業形態を要請し、それゆえに、これに対応して家内手工業に従事する余裕を与えなかった。相対的に限定された土地に、相対的に大きなコロニー人口を支える必要性に直面して、かれらは労働力を削減する創意工夫と機械化への方向を必然的にたどったのである。このことは専門技術と効率化というハッタライトの伝統によって支持された。この多角化への方向を採用することを通して、ハッタライトの経済システムはアメリカ北部の大平原農業の発展的形態にあらかじめ適応したのである。

第三のそしておそらく最大のといってよいハッタライト農業の特徴は、そこでの生産活動が家族レベルではなく、すべてコロニー共同体レベルで、コロニーを単位として実践されているということである。かれらの労働は個人ないし個々の家族の利益、福祉のためではない。それは第一義的にコロニー共同体に寄与するためであり、すべての労働はコロニー・ワークなのである。このことはハッタライトが財産共同体であり、コミュナル・ライフを実践する共同体であってみればけだし当然のことというべきであろう。したがって、こうしたコロニー・ワークに従事したからといって一定額の給与が支給されるわけでない。あえていえば、衣食住から医療費それに子供の教育費のすべてにいたるまで、コロニーが責任をもって負担する事実から、給与の現物による支給といえないこともないであろう。

ここで、わたしが入手したある年のコロニーの収支決算書をもとに、簡単にその収支をみておこう。この収支決算書にこそ、かれらが実践している財産共同体の特質が最も明白に表現されていると考えるからである。

ペンブルックの場合、年収のほとんどは家畜、家禽類、鶏卵の販売などによっている。スポーケンも同様に、穀類、馬鈴薯、牛乳による収入である。支出に関しても、そのほとんどすべては農業生産に関連するもので、農業機械、肥料、種子、仔牛などの費用である。スポーケンの場合は農場にスポーケン川から取水する大規模な灌漑設備を用いており、このための支出がかなりの額にのぼっている。こうした農業生産に関する直接・間接の費用は、両コロニーともに全支出の九五パーセント以上の額にのぼっている。

これに対して、コロニー成員の日常生活に必要とされる費用、いわば生計費の比率はいたって低額であり、これもまたかれらの経済の特徴といえよう。たしかに、農業を中核とするかれらの活動であれば、主要食料品の大部分は自給であるので、購入する食料費が低いというのは当然であろう。それ以外では学校・教育費および医療費が主である。とくにスポーケンの場合、高齢のメンバーのひとりがスポーケン市内の病院に入院したという事情もあり、医療費のきわ立った突出がみられる。「揺り籠から墓場まで」いな「揺り籠から天国まで」を保障するセクト型集団、コミュナル・ライフを実践するハッタライト共同体においては、とくに高齢者に対する医療費はかなりの高額にのぼっているようである。

ともあれ、二つのコロニー共同体の事例ではあるが、ハッタライトにおいては可能な限り多くの収入をはかると同時に、可能な限り節制につとめて支出を抑え、そして可能な限り剰余金を生み出すことに最大限の努力が傾注されている。この剰余金はやがて来るコロニー分封の日に備えて蓄積されることになるのである。

2　宗教信仰と経済活動

上に述べたハッタライトの多角的農業を中核とする経済活動と、かれらの宗教信仰とのかかわりについて考察しよう。この分析に際しても、アーミシュの農業活動において若干ふれたように、ここでもウェーバーの『プロテスタンティズムの倫理と資本主義の精神』において展開された禁欲的プロテスタントの分析に関する理論的枠組を用いることにする。

ウェーバー理論を要約すると次のようにいうことができよう。カルヴァン派に代表される禁欲的プロテスタントは、神に嘉せられる生活を営む手段はただ各人の生活上の地位から生じる現世的義務の遂行にあり、このことこそが神から与えられた使命にほかならないというのである。いわば「神の道具」として神の意志にかなうべく行為することである。ウェーバーはカルヴァン派信徒が、こうした「神の道具」として神の意志にかなうべく行為すること、つまり現世内にあって職業労働、経済活動に専念するのに方向と基礎を与える作用、「宗教信仰および宗教生活の実践のうちから生み出されて、個々人の生活態度に方向と基礎を与える作用」を「心理的起動力」あるいは「エートス」と呼んでいるのである。

この心理的起動力に関して、カルヴィニズムが大きくかかわっている教理のひとつが、救われる者と滅亡に至る者が予定されているという「二重予定説」である、とウェーバーは指摘する。カルヴァン派信徒はこの教理に関して、自己が救いに予定されているとの「救いの確信」を獲得する最もすぐれた、そして唯一の方法として絶えざる職業労働に神の道具として専念することが教えられた、と。今ひとつウェーバーが指摘する教理は、現世内での職業労働を通しての信仰の証である。すなわち、信仰者の使命は神の栄光化に寄与することであり、それゆえに、信仰者の現世での職業労働をふくむあらゆる活動は、「神の栄光を増すため」でなければならない、というのである。

こうした「心理的起動力」により誘発され実践される現世内での勤勉な職業労働、経済活動は、当然のことながら、信徒に多くの富の獲得を結果する。他方、かれらは禁欲的生活、聖書にもとづく生活全体の徹底したキリスト教化が求められており、富の享楽による怠惰や肉の欲を避けなければならない。ウェーバーはかれらが「神の管財者」として獲得された富を管理したという。そして、かれらはたゆみない不断の組織的な職業労働と禁欲的実践を通して、資本形成という外面的結果を生み、まさしくそれの「投下資本」としての生産的再利用を促した、というのである。

それでは、ハッタライトの事例はどうであるのか。ハッタライトが今日、次々とコロニーを新設している繁栄がその教理のいかなる部分と関連性を持っているのか。上に概述したウェーバー理論に沿って考察しよう。

まず、われわれが問題とすべきは、ハッタライトがウェーバーのいう「禁欲的プロテスタント」の一員たりうるか、ということであろう。たしかに、ウェーバーはカルヴァン派と並ぶプロテスタント的禁欲の主たる担い手として、再洗礼派およびその運動から直接的な影響を受けた諸派（Sekten）、すなわちバプテスト派、クェーカー派そしてメノナイト派をあげている。[36] ハッタライトはまさにこの十六世紀再洗礼派の流れをくむセクト的宗教集団である。ハッタライト史家ロバート・フリードマンは次のように記している。[37] 初期ハッタライトは「圧倒的に合理的な秩序と禁欲的抑制への傾向をもつ禁欲的プロテスタンティズムに属している。獲得された金銭はすべて富としてではなく、経営上の資本の一部と考えられた。そして、その管理は牧師（Vorsteher）に、あるいは実務責任者（Diener der Notdurft）に委託された」と。

今日のハッタライトの具体的な日常生活の観察からも、かれらがいかに禁欲的であるかをうかがい知ることができる。すでに明らかにしたように、かれらの収支決算書によれば、その支出の九五パーセントは農業生産にかかわるものであり、日常生活に直接関係する支出は最小限に抑制されている。もちろん、禁酒、禁煙が課せられており、いかなる類のものであれ娯楽費のごとき支出はまったくない。まさに、現世内における禁欲生活がきびしく実践されているということができる。

次なる問題は「神の道具」として現世にあって、職業労働、経済活動に方向と基礎を与える「心理的起動力」ないし「エートス」として、ハッタライトのいかなる教理が強くかかわっているか、ということである。たしかに、かれらにあってはカルヴァン派信徒にみられたような「二重予定説」に由来する救いの確信についての不安や疑念のごときもなければ、「神の栄光を増すために」といったスローガンも見出せない。われわれはこの問いに対して、ハッタライトの基本的な教理として最重要視されている「自己放棄」および「財産共同体」をとりあげたい。

ハッタライトにおいて自己放棄と財産共同体の教理は不可分の関係にあり、前者なくして後者は成立しえず、後者のために前者が存在しているといってよい。自己放棄とは「自己を放棄して神の意志に完全に服従する」ということであり、この自己放棄を実現するための具体的実践行為が財産共同体の形成とそこでの生活実践である。すなわち、自己放棄は「最も価値ある愛の形態であり、神の霊、永遠の恩寵そして人間の物質的資源のすべてが美しく成員に分与される」財産共同体の形成とそこでの日常的な共同生活、いわばコミュナル・ライフにおいてのみ実現することができる、ということである。(38)

たしかに、自己放棄は個人レベルの問題である。個人が自己のあらゆる欲求、関心、利己心を捨て去り、全身全霊、全人格をあげて神の意志に服従し、神の摂理に身をゆだねることである。同時に、自己放棄はただ個人レベルにとどまることなく、それは財産共同体という集団レベルにおいてはじめて達成されるということでもある。ハッタライトにおいては、財産共同体の一員となるべく幼少時より入念な宗教的社会化の試みが継続される。そのすがたは前項に明らかにしたところであるが、コロニー共同体の主導により、それぞれの年齢階層に応じた宗教教育がほどこされ、自己放棄の内面化が進められる。完全な自己放棄が共同体によって確認されてはじめて、共同体の一員としての加入が洗礼というかたちで実現される。ここにいたって、かれ（かの女）は財産共同体の正規の成員として、私的活動ではなくコロニー・ワークに専念することになる。すなわち、職業労働、かれらにあっては農業労働にいそしむのである。いいかえれば、このようなかれらをして勤勉な農業労働に向かわせる心理的起動力は、自己放棄と財産共同体というハッタライト特有の教理であるということである。

ハッタライトにおいて、いわゆる救いの確信について言及されることはない。とはいえ、幼少時より自己放棄が教えられ、その内面化により財産共同体に受け入れられ、コロニー・ワークを通して他の成員そして共同体に対する義務と責任に参与すること自体、かれらにとり救いの確信といってもよいと思われる。「物質的なものにおいても、財産共同体の実行、実践に努力すべきである。これによって、かれらは自らキリストの共同体に参与するもの、神の似像（Gottes Bild）にあずかるものであることを示すことができる」とリーデマンは述べているからである[39]。それゆえに、何よりも財産共同体、現実にはコロニー共同体において正当な経済活動に間断なく継続して参与すること、そのことがかれらにとり救いの確信ということができるであろう。

同時に、ハッタライトにおいてその勤勉な農業労働を「神の栄光を増すため」に遂行している、といった趣旨の発言を聞くことはなかった。しかし、かれらは節制された禁欲的日常生活を営み、可能な限り多くの剰余金を生み出して次々とコロニー共同体を新設している。別の表現をとれば、神の意志であるとかれらが信じる「財産共同体」が数多く誕生することは、かれらが明確な発言をしないとしても、「神の栄光を増すため」の最善の努力を重ねているということではないであろうか。さらには、そのことは「神の道具」として節制に甘んじつつ、あたえられた職業労働に専念することに対する「神の祝福」とみることも可能であろう。

ウェーバーは禁欲的プロテスタントが、勤勉な職業労働と禁欲を通して獲得された富と、「神の管財者」として「投下資本」というかたちで生産に投資する事実を述べている。ハッタライト・コロニー共同体において獲得された富、財貨を管理するのは個々の成員ではない。牧師を長とする委員会（Zeugbrüder）、より具体的には執事（Haushalter）に委ねられている。まさに、かれらこそ神の管財者というべきである。かれらは何よりも優先して農業生産に必要とされる費目の支出をし、節制につとめて生計費を可能な限り切りつめ、可能な限り多額の剰余金を生むべく最善の配慮を怠らないのである。このようにして生み出された剰余金がコロニー設立時の債務返還に充当されると共に、新設に際しての重要な投下資本となるのである。

前に述べた次世代の宗教的社会化と相まって、自己放棄と財産共同体という教理に強く動機づけられたかれらの経済活動の具体的成果は、三つのコロニーから出発したアメリカおよびカナダのハッタライトが、一世紀あまりを経過した今日、四〇〇を大きく超えるコロニー共同体を展開している事実に明白に示されているということができよう。

第六節　日本のハッタライト・大輪コロニー

1　略　史

日本にハッタライト集団が存在すると聞けば、驚かれる方も多いのではないかと思われる。現に、栃木県北東部の那須山中に、小さなハッタライト・コロニーが所在している。「新フッタライト大輪キリスト教会」がそれであり、[40]すでに五〇年の歴史を有しているのである。東北新幹線那須塩原駅から車で約三〇分、大田原市大輪の人里はなれた静かな山中に大輪コロニーがある（写真24）。まず、その歴史を鳥瞰することにしよう。

このグループの創始者は、福島県郡山市の日本基督教団郡山細沼教会牧師であった井関磯美氏である（写真25）。井関牧師が戦後間もなく、伝道牧会の三〇年の体験を通して、これまでの教会の在り方、教会観に関して懐疑をいだいたのが端緒である。「細沼教会でのわたしの教会、伝道に疑問を持った。毎年一〇名前後の人が受洗するにもかかわらず、教勢は必ずしも伸長しない。たとえ洗礼を受けてもこの世とのかかわりから教会をはなれてしまう」と。かれは東北学院神学部の出身であるが、この問題解決のために一九五一年東京神学大学で、初代キリスト教会に関する

写真24　新フッタライト大輪キリスト教会（大輪コロニー）

写真25　大輪コロニーの創始者　井関磯美牧師

研究を行なった。かれが到達した結論は「使徒言行録」に記されている初期エルサレム教会の姿の実践であった。「信者たちは皆一つになって、すべてのものを共有にし、財産や持物を売り、おのおのの必要に応じて皆がそれを分け合った。そして毎日ひたすら心を一つにして神殿に参り、家ごとに集ってパンを裂き、喜びと真心をもって一緒に食事をし、神を賛美していたので、民衆全体から好意を寄せられた」（二章四四―四七節、四章三二―三五節）に、とくに関心をもった。「すべてのものを共有にすること」つまり「キリスト者財産共同体」こそ真の教会の在り方であるとの確信を得たのである。かくして、井関牧師は教会員にこのことを訴え、細沼教会牧師館でかれの主張に共鳴した三名の信徒と共に共同生活を開始し、「原始教会共同体生活団」を名乗った。一九五六年のことで、このことが今日の大輪コロニーの発端なのである。

やがて、井関牧師のこの主張に賛同する者たちが各地より参加するようになる。メンバーはそれぞれ職業を持ちながら教会と社会での活動に従事した。こうした動きの中の一九六七年、井関牧師は榊原巌氏の著書『殉教と亡命　フッタライトの四百五十年』および『現代基督者財産共同体の研究』を知人より贈られた。かれはこの二冊を一気に読破し、ハッタライトこそ自らが長年求めてきた理想的キリスト者共同体であるとの確信を得て、会員と共にハッタライト研究を続けたのである。おそらく、かれの熱い思いはハッタライトと深い関係をもつ「ブルーダーホフ」、今日の「兄弟会」の創始者アーノルドと共通するものがあったであろう。ちょうどその頃、所用でカナダを旅行した細沼教会員のひとりが、ダリウス群に属するアルバータ州のウィルソン・コロニーの住所を井関牧師に伝えたことから、ウィルソン・コロニーとの文通がはじまるのである。これがかれがハッタライトと直接交流をもつきっかけとなり、やがて両者は密接な関係を結ぶことになるのである。

ここで、ハッタライトさらには大輪コロニーとも密接な関係を有する「兄弟会」について簡単にふれておこう。

ブルーダーホフ、今日の兄弟会はその創始者エバーハルト・アーノルド（Eberhard Arnold）が一九二〇年ドイツ・ヘッセンのザンネルツに一農場を借り上げ、共同生活を開始したことにその発端を求めることができる[41]。

アーノルドは少年時代から貧民階級に関心を寄せ、救世軍運動に参加した経験の持主でもあった。大学教育を終えたのち、キリスト教社会主義に共鳴し、やがて学生キリスト教運動の主事をつとめた。かれの関心はとりわけ第一次世界大戦後の悲惨な結果とドイツの荒廃にあり、イエスの教説にしたがった新しい秩序と生活様式の確立を求めた。他方、かれは十六世紀の再洗礼派運動の研究に没頭し、成人洗礼と平和主義について深い確信を抱くことになる。このことは、やがてかれをして再洗礼派の一群ハッタライトとの接触へと導くことになるのである。

アーノルドの思想を端的に表現すれば、イエスの「山上の垂訓」の実践を中核とする急進的キリスト教ということができよう。平和と公正をもたらすのはこの山上の垂訓に表現された倫理にほかならず、初代キリスト教会に示された兄弟愛にもとづく共同生活にあるとの信念にいたった。この信念のもと、かれはエルサレム教会を範とする自らの共同体創設へと努力を重ねるのである。山上の垂訓の精神を実現する唯一の方法がこの共同体生活にほかならず、人類のすべてが信仰と兄弟愛にもとづくひとつの共同体で共に生活することこそ、真のキリスト教的生活様式であるとの確信から、ザンネルツ共同体を発足させたというわけである。井関牧師が郡山で「原始教会共同体生活団」を発足するにいたる経緯ときわめて類似しているといえよう。

「ブルーダーホフの生活は、今日の世界の不義と競争とに反対し、旧い秩序にあるすべてのあやまちと悪を拒否する生活である。いかなる階級、いかなる国籍の男女にもドアは開かれており、したがって、兄弟愛にもとづくすべての者は加入できるし、その生活を共有することができる。この平和と公正の生活の追求は人々の間にある障害のすべてを打破し、初期キリスト教徒のごとくに自己自身の財産を持つことなく、自己の必要に応じて物質的財を相互に共有することである」とアーノルドは述べている[42]。ここに表明されているアーノルドの思想は、ウィルソンのいうユートピア的セクトの色彩が濃厚であるといえるであろう。[43]

成員の増加にともない、一九二六年ブルーダーホフ共同体はレーンに移転する。この時期にアーノルドは財産共有制による共同生活を実践するハッタライトが、北アメリカに現存している事実を知ることになる。「われわれはハッタライト兄弟団の発見にものすごく狂喜した。われわれはその共同生活の開始、教育方法、経済そして殉教者についての説明を読みふけり、深い感動を覚えた」と妻のエミーは記している。[44] このアーノルドたちの受けた感動は、井関牧師が経験したそれと勝るとも劣らないものであったであろう。アーノルド夫妻は早速アメリカ、カナダに、ハッタライト・コロニー訪問の旅に出発する。このハッタライトとの接触と対話は、ブルーダーホフをハッタライトの一員、アーノルド群（Arnoldleut）として受け入れることとなり、かれ自身ハッタライト牧師（Diener des Wortes）に任命されたのである。[45]

他方、ドイツではナチズムの台頭にともない、ブルーダーホフは政府官憲の弾圧するところとなり、リヒテンシュタインに逃避を余儀なくされる。まさにこうした時期に、アーノルドの健康が悪化し一九三五年に他界、カリスマ的指導者の死はこの集団に大打撃を与えた。集団指導体制を整えて、かれらはやがて英国に渡り共同体を設立するが、ドイツ人を主体とするかれらは第二次世界大戦を機に英国を追われ、南米のパラグアイに移住することになる。この地では国難の中にもプリマヴェラに三つの共同体を設立、製材、木工、酪農などに従事した。ハッタライトとの関係は依然継続され、多くの援助も供与された。しかし、ドイツ学生運動を母体とするブルーダーホフ文化の細目の改善を要求するハッタライトとの確執は両者間の溝となり、戦後和解が成立することになるが、その密接な関係は一時中断するという事態に立ち至るのである。[46]

戦後間もなく、ブルーダーホフの伝道団はアメリカの教会や大学で歓迎され、ほどなくアメリカにブルーダーホフ共同体設立の気運が生じた。一九五四年ニューヨーク州にアメリカで最初の共同体が設立され、これに続いてペンシルバニア州、コネチカット州などにも共同体を設立、財産共有制にもとづく共同生活を実践している。ニューヨーク州ウッドクレスト共同体における木製の教育玩具製造工場であるCommunity Playthingsの製品販売などにより、[47]経済的にも安定と繁栄をみることにより、名称も「兄弟会」(Society of Brothers)と英語名に変更された。この頃にはハッタライトとの関係の修復もまた試みられ、和解が成立している。かくして、兄弟会は発足当初の宗教社会運動体の性格を若干残しながらも、むしろハッタライトがそれである内省主義的ともいいうる性格に強くまどられた宗教共同体となっている。今日では、その名称にハッタライトを冠し、「ハッタライト兄弟団」(Hutterian Society of Brothers)を正式名称としている。一九九六年でアメリカに三つ、イギリスに一つの共同体を形成している。[48]

話題を再び井関牧師を中心とする日本のハッタライトの動向に戻すことにしよう。

その後ほどなくして、カナダのハッタライトから、「かれらの間から出ていき、かれらと分離せよ」(コリントの信徒への手紙二六章一七節)を引用して、都市の只中で共同生活を送るのではなく、人里離れた孤立した場所で農業を営むことを勧められた。井関牧師たちはハッタライトに移転のための援助を求めたが得られず、各自の所有物のすべてを換金して資金に当て、現在地の栃木県那須郡黒羽町大輪(当時)に、三、〇〇〇坪の山林を買収するに至ったのである。この土地は井関牧師夫人の親類の紹介によるという。一九七一年のことである。

翌年、一月、早速四名の者が先発隊として郡山から大輪に入植して開墾をはじめた。プレハブの宿舎を建て、ブルドーザーで畑地を開拓するなど困難な作業の末、水源を確保して住宅を建て、全員が大輪に移転したのである。井関牧師も細沼教会を辞任して大輪に移った。もちろん、当初は電灯もなく、ランプの明かりで生活、夜明けと共に起床し、日没と共に休む毎日であったという。ほどなく、電気工事がはじまり、電気の有難さに感激した、と伝えられている。七七年に井関牧師はカナダに行き、ウィルソン・コロニーでハッタライトの正規の説教者(Vetter)として按手礼を受けた。そして、大輪に移転したこともあって、名称も「新フッタライト大輪生活団」と、ついで七九年に「新フッタライト大輪キリスト教会」と改めた。北アメリカのハッタライトの人々は、「大輪コロニー」(Owa Colony)と呼んでいる。翌八〇年には菊田浮海夫氏がウェスト・ラリー・コロニーで按手礼を受け、第二説教者に選出された。八三年に井関牧師が八〇歳で召天したために、菊田氏が後を継いで第二代の説教者に任じられ、今日にいたっている。九二年には大輪入植二〇年を記念する特別の礼拝が持たれた。規模がいたって小さいために、現在では菊田氏ら四名の男女会員が大輪コロニーの運営に当たっている(現在、五家族二〇名ほどと三家族の客員がいる)。

2　現　況

新フッタライト大輪キリスト教会は栃木県知事認証の宗教法人としての申請をしているが、二〇〇七年現在のところ、諸般の事情でいまだ実現していない。この申請のための法人規則によれば、その設置目的は次のごとくである。「この法人は救世主イエス・キリストの啓示にもとづき、唯一の使徒承伝をその特徴とするフッタライト派の教義をひろめ、儀式行事を行ない、信徒を教化育成することを目的とし、フッタライト派信仰に従い、共住生活において、その目的を達成するために必要な業務および事業を行なう」と。このハッタライト派の教理にしたがって、成員のすべては大輪での財産共有制による共同生活を実践しているわけである。

ハッタライトの場合、共同生活の実践それ自体がすでに宗教的実践ともいうことができるが、具体的かつ特定の宗教儀式としては、日曜日午前の礼拝と毎日朝食時の朝礼拝があり、全員がこれらに出席する。日曜礼拝は菊田説教者の司式、説教である。聖書は日本聖書協会訳の『新共同訳聖書』が、讃美歌は日本基督教団讃美歌委員会編『讃美歌21』(日本基督教団出版局)が用いられている。また、この礼拝には近くに居住する三家族のクリスチャンが出席しているという。大輪ではメンバーでなくとも礼拝参加者を積極的に受け入れている。

ところで、ハッタライトの教義にしたがい共同生活を実践しているこの集団の名は、前にも述べたように「新フッタライト大輪キリスト教会」である。かつて、わたしは井関牧師に何ゆえに名称に「新」を冠するのかを質問したことがある。井関牧師の返答はおよそ次のようなものであった。メンバーが研修のためカナダのハッタライト・コロニーを訪ねたり、またカナダから大輪に来訪するなどの交流を続ける中で若干のコンフリクトが生じた。このコンフリクトはかつて兄弟会がパラグアイで体験した、ドイツ若者文化とハッタライトの伝統的文化との葛藤に類似しているともいえようか。すなわち、北米のハッタライト方式に心酔したひとりが、衣食住の細部にいたるすべてをハッタライト方式に改めるべきだと主張した。また、カナダから来訪したハッタライト指導者も同じくハッタライト方式の実践を求めた。いわば、ハッタライトの伝統的文化受容の問題である。これに対して、井関牧師は基本的にはハッタライト信仰にもとづき共同生活を実践するのは当然であるとしても、ここは日本であり、日常生活の細部にいたるまでハッタライトに伝統的な生活様式を採る必要はない。日本の風土、社会環境に適応した、いわば「日本方式」をとっていきたい。それゆえに、「新フッタライト」とは「日本の風土に適応したフッタライト」の意味である、とのことであった。

一、二の事例をあげてみよう。たまたま、わたしが大輪コロニーを訪ねた時のことである。その時、カナダからハッタライト指導者が来訪中であった。大輪の女性たちがモンペ姿で農作業をしているのをみたかれらは、パンツは男性用であり、カナダで行なわれているように、女性は長いスカートを着用して農作業をすべきだと主張をくり返した。柄の長い鍬を使用するかれらならいざ知らず、短い柄の鍬を用いる日本の農民女性に長いスカート着用は何とも不自由である。しかも、モンペは男性用ではなく、農民女性のまさに作業服である。こうした日本の事情を説明したものの、かれらはそれをまったく理解しなかった。また、大輪では子供を町の公立小学校に通学させていた。ハッタライト指導者はコロニーに小学校を設置して子供の教育に当たるべきだという。日本では数名の子供のための私立学校は認められない。また、この規模のコロニーに小学校設置は経済的に無理であると説明しても、かれらは本家のハッタライト方式を主張して譲るところはなかった。かれらの主張はあまりにも「教条主義」ではないか、と菊田説教者が苦笑していたことを思い出すのである。

ちなみに、兄弟会における教育システムの事例を参考までに述べておこう。

ウッドクレスト共同体には乳児所、保育所、および小学校は設置されている。兄弟会ではハッタライトが伝統的に禁じている高等教育を認めているが、ここには高等学校の設置はない。ある説明によれば、外部社会の空気を知るために外部の高校に通わせるのだという。高校生は近くのキングストンの公立高校にバスで通学する。わたしが滞在中のある夕、高校教師招待の夕食会が開かれた。高校教師十数名が出席、教師は適当に分かれて生徒の家族と一緒のテーブルについた。夕食は高校生が準備し、給仕係も高校生が担当した。食事ののち、高校生による器楽演奏やコーラスなど歓迎のプログラムが進行され、楽しい一時であった。

さらに、兄弟会の高校生の大部分は短大または大学に進学する。この共同体成員の学歴は相当高いと思われる。あるメンバーによると、年配者とくに一九三五年までのアーノルド時代に加入した者のすべては大学卒であるという。アーノルドがブルーダーホフを学生キリスト教運動を母体に創設した事実からすれば当然のことであろうが、この大学教育の重視は今日においても、依然強くみることができるように思われる。このように、ハッタライトの名を冠しているとはいえ、兄弟会においては伝統的ハッタライト文化とは大きく異なる独自の方式を採用しているのである。

大輪コロニーにおいても生活の細部に関しては、必ずしもハッタライト方式ではなく多分に日本的な方式をとっているとはいえ、大輪の人々がハッタライト信仰に固く立っていることは否定できない。大輪において財産共有制にもとづく共同生活が実践されているのは、何よりもその信仰に基礎づけられているがゆえのことである。その日常生活においても、浪費を避ける禁欲的生活態度が随所にみられる。また、礼拝時には北米のハッタライトで説教者が説教本を朗読するのと同じく、大輪ではリーデマンの『信仰告白書』を榊原巌氏の邦訳で説教者が繰り返し朗読することを通して、ハッタライト信仰の涵養に絶えずつとめていることも、その証左ということができるであろう。

ここで大輪コロニーにおける経済活動について簡単に述べておこう。

郡山時代にはメンバーは共同生活を営んではいたが、それぞれ外部社会で就労していた。大輪移転後は専ら農業に従事することになるが、かれらの中に農業経験者は皆無であったという。当初は開墾した畑地の耕作に従事し、七四年に地続きの山林一、一三七坪の寄贈を得て農地を拡大している。さらに、七七年には九〇〇坪、七九年には一、二〇〇坪の隣接地を買収、その結果、現在の所有地は約二町五反（二五〇アール）、そのうち四反（四〇アール）が農耕地である。その他に二反五畝（二五アール）の農地を借用している。その他所有地のいたるところに果樹が植えられている。こうした耕作地で生産される麦類、豆類、蔬菜類のほとんどは自家消費用であり、味噌、醤油も自家製である。余剰の農産物は近くの農家の人たちが運営する小売店「くらしのやかた」で委託販売している。

かれらの主要な生産品は鶏卵である。七九年に雛鶏四〇〇羽を購入、自然卵養鶏による自給自足を目指しての第一歩を踏み出した。翌年にはカマボコ型鶏舎や鉄骨鶏舎を上棟、本格的な養鶏事業に乗り出したのである。現在、一、五〇〇羽の成鶏が飼育され、一、〇〇〇個から一、二〇〇個の卵を日々出荷している。やや高値であるとはいえ、上質の自然卵であるために京浜地方からの需要も多く、注文に応じきれないという。大輪コロニーの重要な収入源である。もちろん、成員の中には老齢年金受領者もいるが、その年金はコロニー全成員のために拠出しているとのことである。

3 課　題

わたしが、ここで第三者的に新フッタライト大輪キリスト教会の今後を述べることは必ずしも適当でない。しかし、若干の問題点を感じるので、あえて今後のことを述べておきたい。

そのひとつは、上にも述べたところであるが、日本文化対伝統的ハッタライト文化のコンフリクトであり、今後も生起することが予想される。大輪サイドが「新」フッタライトということで、日本文化を一層多く取り入れるとすれば、ハッタライトの基本的信仰である共同生活に固執したとしても、果たしてハッタライトの範疇に入りうるかどうか。また、ハッタライト方式をそのまま取り入れるとすれば、日本という自然的かつ社会的環境に果たして適応できるかどうか。いわば、ハッタライトの伝統的文化受容の程度ないしバランスの問題といえよう。たとえば小学校問題である。コロニー小学校が理想であるとしても、日本では無理な話である。公立小学校への通学となれば、当然、PTAをはじめとする諸団体、あるいは地域社会との密接な関係が生じるであろう。とすれば、外部社会との関係を可能な限り絶って孤立した共同体を設立するハッタライトの伝統と乖離することになるだろう。ある程度地域社会と関係を保つことは、地域社会の評価を得かつ適応するのに必要な方策であると思われるし、大輪でもある程度までこの方策をとっているようである。大輪入植二〇年記念の礼拝に近隣社会の人々が多く招かれたことからも、そのことはうかがい知ることができよう。もちろん、こうした問題は大輪コロニー自体が解決すべき課題であることに多言を要しないであろう。

今ひとつは永続性の問題である。大輪入植後すでに三五年を経過し、メンバーの高齢化が顕著にみられる。新規加入者はほとんどなく、また、その子弟が必ずしも大輪に留まっていない現状からすれば、今後の大輪コロニーの存続は避けられない重要な課題といえよう。積極的な伝道活動を否定し、内部からの次世代の補充が、ハッタライトの伝統であることは前に述べた。しかし、大輪の場合、今後伝道活動にいそしみ、新規加入者を得て教化することで、その永続性を確保する必要があるのではないだろうか。その場合、果たして伝道活動が許容されうるのか。これまた、大輪の人々の決断によるといわざるをえない。

ともあれ、日本社会にいかに適応していくことができるか、と同時にどこまでハッタライト的でありうるのか、という相矛盾したともいえる課題、今ひとつは後継者の確保という課題。これが日本的を意味する「新」を冠した、新フッタライト大輪キリスト教会の今後にとっての不可避かつ最大の課題というべきであろう。そして、ハッタライトと密接な関係を維持し、その基本的宗教的理念である財産共有制による共同生活を実践しつつ、ある程度まで独自の文化的要素を保持している兄弟会の在り方は、大輪コロニーにとってもよきモデルになるのではないかと考えている。

註

（1）ハッタライト史の略述に当たっては、John A. Hostetler, *Hutterite Society*, 1977, および John Hofer, *The History of Hutterites*, 1996 を参照した。
（2）ヤコープ・フッターについては、Hans Fischer, *Jakob Hutter* (Eng. tr. by W. K. Classen) 1956 を参照のこと。
（3）*The Chronicle of the Hutterian Brethren*, vol. 1. (*Die älteste Chronik der Hutterischen Brüder*, Eng. tr. by the Hutterian Brethren, 1987), 80f.
（4）Peter Riedemann, *Rechenschaft*, 92. なお *Rechenschaft* の原題は *Rechenschaft unserer Religion, Leer und Glaubens von den Brüdern so man Hutterischen nennt ausgangen*（人々がフッター派と名づけている兄弟たちから起こったわれわれの宗教、教理、信仰についての弁明書）である。本書はリーデマンが一五四〇年から四四年にかけてヘッセンの獄中で、領主にハッタライト信仰と実践の体系を説明し、この集団の宗教的立場を弁明しようとして執筆したものである。今日のハッタライトが本書を『信仰告白書』(Confession of Faith) と英語で呼ぶことが多いことから、ここでは『信仰告白書』と訳しておきたい。
（5）Leonard Gross, *The Golden Years of the Hutterites*, 1980.
（6）*Mennonite Encyclopaedia*, II, 855.
（7）*Rechenschaft*. 85.
（8）Paul Dedic, "The Social Background of the Austrian Anabaptists," *MQR*., 1939, 13.
（9）*Rechenschaft*, 140.

（10）John Horsch, *The Hutterian Brethren*, 1974, 54f.

（11）Joseph W. Eaton and Albert Mayer, "Social Biology of Very High Fertility among the Hutterites, The Demography of Unique Population," *Human Biology*, 1955, 25, 206-267.

（12）アメリカでは、ハッタライトはその共同体をBruderhofと表記することなく、英語でcolonyと呼ぶようになっている。

（13）John Hofer, *op. cit.* 68. なお、二〇〇五年度に関しては、ジェームス・ヴァレー・コロニー刊の2005 Hutterite Directoryによる。

（14）Hostetler教授はアーミシュ研究のみでなく、ハッタライト研究者としても知られ、Hutterite Society（註1）のほかに、*Education and Marginality in the Communal Society of Hutterites*（1965）, *Hutterites in North America*（G.E. Huntingtonと共著、1980）などがある。

（15）榊原巌氏には『殉教と亡命――フッタライトの四五〇年』（一九六七）、『現代基督者財産共同体の研究』（一九六七）の著書、あるいはハッタライトの名称が由来するヤコープ・フッターの伝記（フィッシャー『ヤコブ・フッター伝』）の訳書があり、ハッタライト関係の文献の収集家としても知られている。

（16）Bryan R. Wilson, *Religious Sects*, 1970〈池田昭訳『セクト』一九七二〉四八および一五一頁以下。

（17）*Rechenschaft*, 106.

（18）*Rechenschaft*, 104.

（19）John W. Bennett, *Hutterian Brethren*, 1967, 111.

（20）J. W. Bennett, *ibid.*, 114.

（21）G. P. Murdock, *Social Structure*, 1965, 3, 10.

（22）J. A. Hostetler, *Education and Marginality in Communal Society of the Hutterites*, 1965, 54. EatonとMayerによれば一〇・四の子供数である（註（11）"Social Biology"）。

（23）J. A. Hostetler and G. E. Huntington, *The Hutterites in North America*, 1984, 109.

（24）「自己放棄」とは「自己を放棄して神の意志に完全に服従する」ということにほかならず、「最も価値ある愛の形態であり、神の霊、永遠の恩寵そして人間の物質的資源のすべてが成員に分与される」という財産共同体の形成とそこでの具体的生活、すなわちコミュナル・ライフにおいてのみ実現されるということである（*Rechenschaft*, 92）。なお、Gelassenheitについては R. Friedman, "Gelassenheit"（*Mennonite Encyclopaedia*, II, 448以下）を参照のこと。

（25）ペンブルック・コロニーの母親は、幼児の就寝時に次のような祈りを一緒にする。
Ich bin klein. Mein Herz ist rein. In Jesu Namen, schlaf ein. Die lieben Engelein werden Wächter sein, Amen.（訳：

わたしは幼な子、わたしの心は清らかです。イエスさまのみ名によって眠りにつきます。愛する天のみ使いが、お守役になってくださるように。アーメン）

(26) *Rechenschaft*, 140.

(27) ハッタライト保育所で使用されている遊具・玩具のほとんどは、のちに述べるハッタライトと密接な関係を持つ兄弟会（Society of Brothers）の一共同体、ニューヨーク州リフトンに所在するウッドクレスト共同体において製造されたものである。

(28) 以下の記述は主として、ペンブルック・コロニーの教師ジェーコブ・デッカー氏とのインタビューによる。

(29) *Rechenschaft*, 141

(30) ジェーコブ・デッカー氏によれば、一九八〇年カナダのマニトバに教師が集まり、授業計画（Lehrplan）を作成し、生徒の進度にしたがって使用すべきテキストを決めたが、実際にはあまり実践されていないという。ペンブルックで使用されているテキストは以下のものである。

Deutsch=Englische Fibel, Erstes Lese und Gesangbuch
Biblische Erzahlung für Anfänger
Biblische Geschichten
Geschichte=Buch der Hutterischen Brüder
Lieder=Buchlein für Schul-Kinder

(31) ハッタライトの『教理問答書』には二種類があり、児童にはKreuz Fragen für Kinder in der Schuleが、青年にはEinige Frage und ihre Beantwortung für die reifere Jugendがそれぞれ使用されている。とくに後者はモラヴィア時代、リーデマンの後継者ワルポット（Peter Walpot）の執筆だという（スポーケン・コロニーのポール・グロス牧師による）。日曜学校で使用される讃美歌はGesangbüchlein, Lieder für Schule und häuslichen Gebrauchである。

(32) J. A. Hostetler, *op. cit.*, Appendix 7, Baptismal vowによる。

(33) Paul Gross, *The Hutterite Way*, 1965, 37. スポーケン・コロニーのグロス牧師はハッタライトの古文献を収集し、その歴史を明らかにしようとしている。ハッタライト牧師としては稀な存在である。

(34) J. A. Hostetler, *Education and Marginality in Communal Society of the Hutterites*, 1965, 54.

(35) J. W. Bennett, *op. cit.*, 162.

(36) Max Weber, *Die protestantische Ethik und der Geist des Kapitalismus*. S.150-1.

(37) Robert Friedman, "Economic Aspects of Early Hutterite Life," *MQR.*, 1956, 30, 4, 261.

(38) *Rechenschaft*, 92-96.

（39） *Rechenschaft*, 94.

（40） 註15を参照のこと。なお、大輪コロニーの人々が自らを「フッタライト」と呼んでいるのは、この榊原氏の著作で「フッタライト」と称されていることに由来している。

（41） 兄弟会の叙述に際して、同会の経営するThe Plough Publishing House出版の以下の文献を参照した。Emmy Arnold, Eberhard Arnold, *A Testimony to Church Community from his Life and Writings*, 1964; Eberhard and Emmy Arnold, *Seeking for the Kingdom of God, Origins of the Bruderhof Communities*, 1974; Emmy Arnold, Torches Togather, *The Story of the Bruderhof Communities —— their Life together, sharing all things in Common*, 1976.

（42） The Society of Brothers, *Ten Years of Community Living*, 19.
アーノルドの妻エミーの記すところによれば、八〇名から一〇〇名を超す各種のグループの人々——青年運動、労働者、学生、無神論者、伝道者、クェーカーなど——が、かれらのもとに参集したという（Emmy Arnold, Eberhard Arnold, 9, 22）。

（43） ウィルソンはブルーダーホフをユートピア・セクトとみなしている（ウィルソン、前掲書、五八頁、二二八頁以下）。

（44） Emmy Arnold, *Torches Together*, 115.

（45） ハッタライト側のブルーダーホフに関する記録は、*Das Klein-Geschichte Buch*（Herausgegehen von A. T. F. Zieglschmid）の付録（S. 654）以下にみることができる。

（46） J. A. Hostetler, *Hutterite Society*, 280f; Victor Peters, *All things Common, The Hutterian Way of Life*, 173f.

（47） 一九四七年マセドニア共同体ではじめられたこの事業は、そのメンバーが兄弟団に加入した一九五四年ウッドクレストに引き継がれた。ここで生産される木製の教育玩具は上等で耐久性があり、広い市場を有している。数百におよぶ製品を記載した美しいカタログを配布しており、出荷のための大型トラックが終始出入りしている。ここで生産された製品は、多くのハッタライト・コロニーの保育所でも愛用されている。わたしはウッドクレスト滞在中にここでの作業を割り当てられた。また、兄弟会経営のPlough Publishing Houseは、アーノルドの著作をはじめ兄弟会の歴史や再洗礼派に関する文献を出版している。

（48） John Hofer, *The History of Hutterites*, 99.

第三章　メノニータス

Kapitel 3.

Mennoniten

D夫妻（右端）の子供と孫たち

第一節　メノナイト略史

1　メノナイトの誕生

すでに述べたように、再洗礼派に対するカトリック教会およびプロテスタント教会、そしてそれと結合する国家権力による絶えざる苛酷な迫害は、再洗礼派運動が共通する宗教信仰と実践の基盤の上に、ひとつの明確に統合された教会組織を形成するのを不可能にした。ところで、一部の過激な再洗礼派の人々が武器をとり、ミュンスター市を占拠しようとして失敗に帰した、一五三五年のいわゆるミュンスター事件によって、北ドイツからオランダにかけての再洗礼派が壊滅に近い状況に立ち至ったとき、カトリック司祭のメノー・シモンズ（Menno Simons）が登場してくるのである。

メノーは司牧者としての責任とキリスト教的愛の精神から、ミュンスター事件の悲劇を批判しながらも、官憲に追われて逃げまどう再洗礼派信徒救済のため、自ら司祭の職責を投げ捨ててこの群に身を投じ、その再組織に全力を傾注したのである。かれは幾分か迫害のゆるやかであったフリースランドやバルト海沿岸の北ドイツ諸都市に点在していた再洗礼派居住地を足がかりに、この一帯の再洗礼派の必ずしも明確でなかった信仰と実践をひとつの体系に統合し、教会の統一的組織を発展させていったのである。(1) この組織はメノーの名にちなみ「メノナイト」（Mennoniten, Mennonites）と呼ばれた。なお、本章の主人公であるメキシコに居住するメノナイトの一群は、スペイン語で「メノニータス」と呼ばれているが、その歴史を語るに際しては当面、この一般的名称であるメノナイトを用いたい。

ほどなく、宗教改革に対抗する動きがこれらオランダ、北ドイツでも激しさを増してくるにおよび、他地方からの流入者をふくむメノナイト集団の一部は、東プロシアからポーランドに新たな避難所を求めた。ことに、スペインのフェリペ二世に任命されたアルバ公統治下のいわゆる恐怖時代（一五六七―七三年）は、オランダからダンチッヒあるいはビスラ周辺へのメノナイトの避難の頂点となっている。この地の参事会はかれらの勤勉と技術、とりわけビスラ川河口附近のデルタ地帯の干拓農業に発揮したすぐれた技術を高く評価したにもかかわらず、かれらに対して市民権を認めようとはしなかった。また、カトリック信徒である一般市民や聖職者による敵意と抑圧とはとどまるところを知らなかったという。[2]

2　ウクライナ

このような状況に加えて、一七七二年のポーランド分割の結果、プロシアに編入された地域における経済活動への圧迫、兵役免除をふくむ宗教的特権への侵害は、メノナイト集団の凝集性を増進させ、この社会的環境からの移住を求める願望を高めたのである。まさにこうした時期に、ロシア女帝エカテリーナ二世の特使トラッペを通して、ダンチッヒ・メノナイトに南ロシア招請の報がもたらされた。一七八七年二名の長老がロシアに派遣され、提供さるべき土地を検分し、必要な条件への同意を求めた。かれらはロシア当局から、宗教信仰の自由、兵役免除、土地の配分、租税免除の年数、自治制など、宗教的経済的権利と義務に関する満足すべき回答を得て帰ってきた。翌一七八八年より南ロシア・ウクライナのコルティツァへの移住が開始された。二二八家族がダンチッヒを後にしたのである。[3]

コルティツァはロシアにおける最初のメノナイト入植地であることから、のちに設立された入植地「新しい入植地《ノイコロニー》」(Neukolonie) に対して「古い入植地《アルトコロニー》」(Altkolonie) の名称が与えられている。[4] この名称は、やがて本章の主人公メノニータスの正式名称の一部にも用いられることになるのである。

アルトコロニー、コルティツァのメノナイト移住者は、ロシア正教徒はもとよりカトリック、ルター派、改革派などのドイツ系移民と効果的に分離されたひとつの集団として遇された。入植当初、この入植地には八九、〇〇〇エーカーの土地が割り当てられ、一五の村（Dorf）に分かたれていたが、人口の増加にともない、最終的には四〇〇、〇〇〇エーカーの広さに達した。さらにプロシアからのメノナイト移住者が続き、ロシア政府はモロチュナあるいはベルクタールにも入植地設立を認め、全体で約六、〇〇〇名からなる一、〇〇〇家族以上が居住した。この入植地は「新しい入植地《ノイコロニー》」と呼ばれた。ともあれ、その後一世紀近く、メノナイトたちはウクライナで比較的平和裡に、ロシア政府の干渉もほとんど受けることなく、言語、衣服、教育あるいは村のパターンなどの世俗的要素をふくむ、かれら特有の宗教＝社会生活を営むことができた。(5) このウクライナ期に確立された諸制度が、今日メキシコのメノニータスにみられるそれらの原型をなしていると考えられるのである。

ところが、一八七〇年ロシア政府は突如として、全教育体系を文部当局の管轄下におくことを要求し、メノナイトの学校教育にロシア語を導入、カリキュラム上の要求を課した。さらにかれらの自治にも同化、ロシア化の方向に向かわせる政府の干渉の手がおよび、かれらのロシア社会からの分離と孤立は大きな危機にさらされることとなった。こうした事情から、かれらは移住先を求める調査団を北アメリカに派遣、カナダ政府より宗教信仰と実践の自由、兵役免除、独自の教育、メノナイトによる一定地域の占有と自治管理といった、かれらの信念と伝統にしたがった宗教＝社会生活の基礎となる諸条件に保障を得たのである。(6)

3　カナダ

一八七四年から七五年にかけて、ウクライナ・メノナイトのおよそ三分の一と推定される約五、〇〇〇名が、カナダのマニトバ州に移住した。(7) マニトバに入植したメノナイト集団は、必ずしも統一された宗教組織を形成してはいなかった。レッド川西岸に入植したアルトコロニーからの一群は、東岸に入植したノイコロニーからの一群と比較して、経済的に貧しく、教育程度も低く、より保守的傾向が強かったという。たとえば、讃美歌は西岸のアルトコロニーの方が旧来の唱い方（die alte Weise）を、東岸のノイコロニーの方は新しい唱い方（die neue Weise）をとっていた。また、マニトバ州政府が州を、それぞれの公的代表者を有する自治体（municipality）に分割した際、前者はその方策がかれらの持つ村落構造にとり危険であると反対したのに対して、後者はこれを承認している。とりわけ重要な異なりは教育問題であった。かれら自身の伝統的教育制度を自らの手で維持することがカナダ移住に当たっての要求であり、マニトバ州当局もこれを承認したのであった。したがって、アルトコロニーからの一群はかれら自身の伝統的教育プログラムを推進したが、ノイコロニー・グループはその伝統の改善を試み、むしろ州政府に援助をすら求めたのである。(8) この宗教＝文化的保守主義と刷新主義が、やがてマニトバにおけるメノナイト集団の分裂を招来することになるのである。

このような両者の異なり、とりわけ教育問題に関する論争は他の生活面にまで拡大され、妥協の余地を見出せないほどになった。一八八〇年、レッド川西岸入植のアルトコロニー群の指導者ヨハン・ウィーベが、男性教会員による会議（Bruderschaft）を招集し、旧来の伝統と実践に恭順を示す者はそれを明確にし、同調を拒む者はすべて東岸のノイコロニーの教会に属すべきことを要求した。この分裂劇の結果、ウィーベに追従したグループは独立したひとつの教会として、「アルトコロニー・ラインランド・メノナイト教会」（Die Altkolonie Reinländer Mennoniten Gemeinde）なる正式名称を採用するにいたった。この名称に用いられた「アルトコロニー」はいうまでもなくウクライナの「古い入植地《アルトコロニー》」、「ラインランド」はこの保守派の村のほとんどがレッド川西岸のラインランドという自治体に存したことによっている。(9)

メノナイトがカナダに移住するのに先立って、かれらがウクライナで享受していた特権、すなわち、かれらの伝統的な生活様式をカナダでも完全に実践しうることをカナダ政府も保障していた。もちろん、この保障には教育に関する項目も含まれていたが、ほどなく政府はかれらの学校を州の管轄のもとに置く動きを示しはじめ、マニトバ州は一八九〇年に「マニトバ公立学校令」(Manitoba Public School Act) を通過させ、州内のすべての小学校で同一基準のカリキュラムと英語による教育を要求した。この条令は一八九七年に二重言語による教育を許容し、住民の要求があれば学校委員会が宗教教師をも雇用しうるとの改訂を行なっている。

この学校問題は一時沈静化したが、第一次世界大戦中に再燃し、一九一六年英語を唯一の教育用語とすること、すべての児童は文部当局の要請に合致する私立小学校か、または公立小学校に在籍すべきことを定めた「学校在籍令」(School Attendance Act) の制定は、アルトコロニー・メノナイトの間に、これに対処すべき行動についての深刻な議論を惹き起した。[10] さらに、戦時下という状況は、かれらに英領民の義務として戦争遂行への協力を強要することになる。たとえば、小学校で国旗を掲揚する教師の雇用が要求されたり、戦時債券の購入や赤十字への支援活動が強制されたりしたのである。[11] ここにいたって、かれらはカナダを脱しての移住の可能性を真剣に考慮しはじめるのである。

4　メキシコ

もちろん、それまでにも移住が考えられていないわけではない。一八九五年から一九〇五年にかけて、およそ一、〇〇〇名のマニトバのアルトコロニー・メノナイトがサスカチェワンのオスラー・ヘーグ地方に、またスイフト・カレントに移っているからである。ほどなくカナダ以外の地への大規模な移住先が討議され、アメリカ合衆国における可能性のある移住先の探索が不調に終わったのち、六名の代表者がメキシコに派遣された。一九二一年のことである。かれらはメキシコ・シティで大統領アルヴァロ・オブレゴンと接見し、かれらの要請を認可する趣旨の特許状(Pirivilegium) を携えて帰ってきた。この特許状には兵役免除、宣誓免除、宗教信仰と実践の自由、学校教育の自由、財産管理に関する政府の不干渉といった五項目を含んでいる。[12] ついで、土地購入のための調査団が派遣され、マニトバ・グループはチワワ州に二三〇、〇〇〇エーカー、サスカチェワン・グループはドゥランゴ州に三五、〇〇〇エーカーの土地を入手した。そして、翌一九二二年から二六年にかけて、前者グループは三、三四〇名が、後者のグループは一、〇〇〇名ほどがメキシコに移住したのである。[13] これらの入植者が今日メキシコに居住するアルトコロニー・メノナイト、すなわちスペイン語で「メノニータス」(Menonitas) と呼ばれている人々なのである。

ここで、ラテン・アメリカ諸国におけるメノナイト系宗教集団の動向を鳥瞰しておこう。

ラテン・アメリカ諸国には、上に述べたように一九二二年アルトコロニー・メノナイトがカナダよりメキシコに移住して以来、メノナイト系集団の新たなる移住地として脚光をあび、急速な成長ぶりを示してきている。かれらがすぐれた農民であるとの高い評価を得て、これらの諸国の未開拓地への入植がむしろ歓迎されたからである。それからおよそ半世紀を経た一九七一年には、アルトコロニー・メノナイトをはじめドイツ系メノナイトを主体に、一般的にエスニック・メノナイトと呼ばれるいくつかのグループが、メキシコのみならずホンジュラス、ボリビア、パラグアイ、ブラジル、ウルグアイといった諸国に、およそ三万の教会員、家族をふくめると六万を超える人口を数えるまでに至っている。他方、エスニック特性を有さないメノナイト集団も、合衆国のメノナイト系教会による伝道活動の結実として、ペルー、アルゼンチン、ブラジルを中心に、一八のラテン・アメリカ諸国に約一万二千の信徒を獲得している。こうした諸国におけるメノナイト系諸集団のうち、ドイツ系のそれの八五パーセント以上がメキシコ、パラグライ、ボリビアの三国に居住しており、とりわけメキシコにはその半数以上が居住しているという。[14]

今日のメキシコには三種のメノナイト系集団が存在している。[15] そのひとつは Iglesia Evangelica Menonita de la Mesa Central de Mexico (メキシコ・福音メノナイト教会中央協議会) であり、アメリカ合衆国ペンシルバニア州のメノナイト教会が、かってキューバに伝道していたところ革命ゆえに継続不可能となったため、一九五八年以降メキシコ・シティおよびオアハカのインディオ、トルグ族を主たる対象に伝道を行なっているグループである。カトリッ

写真26　コロニア・ラ・オンダの遠景

ク教会の強固なこの国での伝道は困難が多く、一〇〇名程度の信徒を獲得しているにすぎないという。

メキシコにおける第二のメノナイト系集団は、Mennoniten Gemeinde zu Mexico（メキシコ・メノナイト教会）である。この集団も同じく合衆国のメノナイト派によって、一九五七年よりチワワ州のクワウテモックで伝道活動を行なっている約三〇〇名程度の信徒を有する集団である。このグループはチワワに居住するアルトコロニー・メノナイト（メノニータス）から離脱した者たちを主たる対象に活動している。

第三のメノナイト集団は、第二のメノナイト集団が伝道の対象とし、かつ本章で取り上げようとしているアルトコロニー・メノナイトつまりメノニータスである。すでに述べたように、一九二二年以降カナダよりメキシコに移住し、チワワ、ドゥランゴ、サカテカスなどの諸州にコロニアを設立し、およそ三万と推定される人々が集団的に居住している。

われわれが調査対象としたのは、サカテカス州ミゲル・アウサに所在するコロニア・ラ・オンダのメノニータスである（写真26）。メキシコ中央高原のほぼ西端、海抜二、三〇〇メートルの高原に位置するコロニア・ラ・オンダは、ミゲル・アウサの中心部から南方に直線で二五キロメートルである。しかし、そこに至るには迂回した道で四〇キロメートルであり、一般のメキシコ人居住地域からも空間的にかなり孤立したところに展開されている。このコロニアは東西約二〇キロメートル、南北約一〇キロメートルの長方形に近く、一六、八一五ヘクタールの広さをもち、周辺の荒地とは対照的に見事に耕作された農地が続いている。この地はドゥランゴのコロニアが人口増のために続出する土地無所有者を解消すべく、一九六四年にラ・オンダの大農園（hacienda）を購入して分岐したものである。コロニアは一、二六〇ヘクタールの農地、三、三五三ヘクタールの放牧地、それに八三九ヘクタールの集落部その他に分かれており、五六七家族、三、八一四名が二四の村（Dorf）に分かれて居住している。

第二節　宗教的理念と実践

われわれはコロニア・ラ・オンダの最高指導者で監督職（Aeltester）にあるワール氏に、メノニータスの基本的な宗教的理念およびその実践について幾度も自宅を訪ねて質問した。調査方法として、ひとつにはコロニアの一般成員が理解しかつ実践していることをかれらに問う方法があるだろう。しかしながら、この方法には実際上かなりの困難が予想されたし、加えて、われわれには時間的制約という難点も存した。ワール氏へのインタヴュー方式をとったのはこのような事情からである。農作業と共に監督職にともなう多忙なかれは、多くの時間を割いてわれわれの質問に微笑を絶やすことなく丁寧に応答してくれた。また、われわれの調査の度に宿を提供し、協力を惜しまれなかったのはワール氏の幼少時からの親しい友人ペンナー氏である。

ワール氏は一九一七年カナダ・サスカチェワン州の生まれで、両親はウクライナのアルトコロニー、コルティッァの生まれだという。メキシコへは一九二五年かれが八歳の時に、両親と共にドゥランゴ州パトスのコロニア（現在はコロニア・ヌエボ・イデアール）に入植した。入植六ヵ月後にコロニアの小学校が開設され、隣家のペンナー氏と机を並べた仲である。もちろん、かれらは小学校で学んだのみである。ワール氏は小学校を卒えたのち父親と共に農作業に従事、一九歳で洗礼を受けた。

牧師職（Lehrdienst）に選出されたのは一九四五年二八歳の時である。かれの父親もまた牧師であった。ヌエボ・イデアールにおいて土地無所有農民が増加したために、一九六四年コロニア・ラ・オンダが新設された際、ワール氏は牧師のひとりとしてラ・オンダに入植した。創設当初の三年間はヌエボ・イデアールの監督が兼任していたが、一九六七年ワール氏がラ・オンダの監督職に選出された。ワール氏は四〇ヘクタールの農地を耕作するコロニアの平均的農民である。メノニータスにおいても、牧師あるいは監督の職責を持っているとしても、それは専職ではなく農業を営みながらその役職を全うしているのである。その役職に対して報酬が支払われることはない。以下、ワール氏が同席したペンナー氏と相談しながら、われわれの質問に答えるかたちで語ってくれたメノニータスの現況である。

1　宗教的理念

まずはじめに、われわれはかれらが理解するその歴史について語ってもらった。その要約を記しておこう。

一五〇〇年代にオランダ人メノー・シモンズによって、われわれの宗教ははじめられた。その当時は人種的にいくつかのグループが集まっていた。われわれが低地ドイツ語を使っているので、人々はわれわれをドイツ人だというが、本来はオランダ人である。しかし、迫害のため当時のメノニーテン（Mennoniten）の八〇パーセントは殉教の死をとげ、残ったのは二〇パーセントほどであるにすぎない。われわれの父祖たちはオランダからプロシアに逃れ、さらにウクライナのコルティツァに移住した。

ところが、われわれの宗教は戦争を固く禁じているにもかかわらず、ロシア政府から徴兵制に応じるよう要求されたため、一八七五年ウクライナからカナダのマニトバに移った。カナダでは最初のうちとくに問題はなかったが、第一次大戦後になって、カナダ政府から統一言語つまり英語の使用、学校制度、国旗などの要求が出され、カナダ政府と衝突する結果となった。そこで、カナダのメノニーテンはメキシコに移住することとなり、その動きによってわれわれも一九二五年にメキシコに来たというわけである。

お尋ねのわれわれの宗教の名称 Die Altkolonie Reinländer Mennoniten Gemeinde についてであるが、Altkolonie とは「より根源的」「より真正な」といった意味であり、Reinland はオランダとプロシアの国境ぞいの地名であり、メニノーテンはこの地で創設された。したがって、われわれの名称は「ラインランドにおいて創設された根源的真正のメノニーテン教会」という意味を持っている。われわれはあくまでも創設当初の生活パターンを維持している点で、現代風のものを多く受容している他のメノニーテン・グループと異なりを有している。事実、今日でもかれらと幾多のコンフリクトを体験している。

以上がワール氏の語るかれらの歴史の大略である。一読して明らかなように、かれのこの歴史に関する知識は文献にもとづくというより、むしろ伝承的性格をもっており、事実かれ自身「父親から聞かされた」という。かれらの場合、こうした知識は親が子に語り聞かせて伝達するという方法で、語り継がれることがしばしばである。したがって、体系的ないし年代誌的な歴史の詳細についてはほとんど知るところがない。また、その名称に関しても「アルトコロニー」や「ラインランド」のように誤った解釈すらみられる。たしかに興味深いかれらの歴史理解の一事例であることは否定できないが、インフォーマントによる情報のみの歴史の再構成の持つ問題点のひとつともいえよう。

メノニータスは十六世紀再洗礼派運動の系譜をもつメノナイト系集団のひとつである。それゆえに、当然のことながら、厳格な教会観とキリスト者の生活態度、基本的にはこの世からの分離、成人洗礼、絶対平和主義といった再洗礼派に共通した特徴的な宗教的信念を持ち、単純質素な生活様式、相互扶助といった伝統的生活実践を行なっているのである。

メノニータスにおける宗教的理念は、もちろんメノナイト系諸派と共通するそれを持っているが、このグループにとりわけ強調される最高価値は、端的にいって「救済」（Heil）、すなわち神に嘉せられ永遠の生命を与えられる、ということにある。この救済が本来的には信仰者個人に対して与えられるものであることを否定するものではないが、かれらの場合、むしろひとりの脱落者もなく、成員全員が集団的に救済されることに大きな力点がおかれていると思われる。すなわち、神に対して忠実な「個人」であるばかりでなく、「忠実なる人々」（die treue Volk）として、集団的にメノニータスのすべての人々が神に受け入れられ、永遠の生命が与えられるということである。ところで、かれらの信念によれば、このような救済の日はいまだ実現されておらず、その成就実現は終末の日、イエスの再臨の日である。しかもその終末の日がいつ到来するか誰も知ることはできない。ワール氏は「その日は稲妻のようにやってくる。明日かもしれないし、来年かもしれない。死すべき人がその日を知るよしもない」といい、「われわれは一時たりともその日のために準備を怠ることはできない」と述べる。

かれらのうちには、神の意志にしたがって正しく清い生活を営む限り、「救われるに相違ない」との確信、「救われる者でありたい」との強い願望がみられる。「神はわれわれがこの世から純潔を保っている限り、われわれを護り救ってくださるし、われわれが不純で不道徳である限り、われわれを罰し滅ぼされる」とワール氏はいう。かくして、かれらはこの世において神の意志にしたがった生活、神の救済の意志が表明されている聖書に忠実な生活を営み、何時の日か到来する終末の日の救済のために準備を怠らないのである。終末の日における罰と滅びでなく、救済にそなえた生活法こそが、かれらのウェイ・オブ・ライフにほかならず、かれらが構築している諸制度もまた、その最高価値といえる集団的救済達成を目的としているということができよう。

2　教会・教役者

コロニア・ラ・オンダには四つの教会があり、二四に分かたれた村（Dorf）の人々は定められた教会の礼拝に出席する。たとえば、われわれが滞在した3A、それに3B、4、14、16、17の各村は第二教会に出席する。このように四つの教会に区分されているとはいえ、コロニア全体を一名の監督（Aeltester）が統轄する。ワール氏はこの重責を担っている人である。それに七名の牧師（Lehrdienst）と一名の執事（Almosen Kasse）が全体の宗教行事を司るために任命され、宗教的側面の指導に当たっている。監督には洗礼と聖餐の執行や牧師、執事といった教役者の任命が委ねられる。牧師は順番で四つの教会での説教を担当し、結婚式、葬儀を司る。監督職が空席になった場合には、後任が決定するまで最古参の牧師がその任を代行するが、洗礼や聖餐を執行することはできない。監督の後任は牧師の中から選ばれ、牧師の補充は執事が当てられる。執事はコロニアの全家長（Wirt）の投票で選出される。執事はその名のごとく教会義捐金の管理者であり、火災、災害、事故などで生活に困窮する者が生じた場合、教会の基金で救済措置を講じるのが主たる任務である。追放に処せられた者と接触して悔悛を勧めるのも執事の役割に数えられている。

これらの教役者は二週に一度の会合を開く。この教役者会はDunnadagh（Donnerstag、低地ドイツ語で木曜日の意であるが、必ずしも木曜に開かれるとは限らないという）と呼ばれ、日曜礼拝における説教担当、洗礼、聖餐のスケジュール、その他コロニアでの宗教に関する問題などが論じられる。とくに、教会に対する不服従者が生じた場合、この逸脱者を聴聞に付し、必要とあれば追放の決定を下すのもこの会においてである。

今ひとつ、このコロニアにはいわゆる教役者には加えられていないが監督が任命した監督直属の役職が存在する。

情報提供者（Kroagah）がそれである。各村に二名宛任命されており、村内で不行跡者が生じた場合、とくに各村の小学校教師に不都合な言動がみられた場合、かれらは直ちに監督に通報しなければならない。村民は誰が情報提供者であるかを知っているという。ペンナー氏もそのひとりである。このように伝統的な正規の軌道、かれら固有の生活法からの逸脱を未然に防止し、早急な矯正を試みるシステムが、コロニアには細かく張りめぐらされているのである。

3　宗教的実践

(1)　洗礼

洗礼はメノニータスの究極的目標達成の重要な手段のひとつである。洗礼なしに救済に至ることは不可能だからである。洗礼はキリストの命令に由来しており、コロニアのメンバーすべてに求められている。「キリストが『かれらの信仰告白の基盤の上に水による洗礼を施せ』と定め命じられたからである。信じて洗礼を受けた者のみが終末の日に神の右に座することができる、とわれわれは信じている」とワール氏は再洗礼主義の信念を語り、「洗礼によってすべての罪が赦される」という。この罪の赦しと終末時の救済を約束する洗礼を受けることは、かれらのウェイ・オブ・ライフの中核的部分をなしている。このことは次世代の社会化をむしろ「宗教的」社会化と呼びうるほどに、学校教育を含むあらゆる社会化のプロセスが、何よりもこの洗礼に焦点づけられていることからも明白である。この点についてはのちに述べることにしよう。

洗礼を受けるに先立って、志願者は『教理問答書』[16]に記されている問答（Fragen und Antworten）を暗記しなければならない。小学校において『教理問答書』教育が実施され、卒業後も父親が繰り返し指導を重ねる。ここには日曜学校も設置されておらず、また受洗直前の特別クラスの編成もない。小学校あるいは家族による充分な準備が行なわれている、との確信のゆえである。受洗に際しては『教理問答書』の問答のテストが試みられ、信仰の確認が繰り返される。若き志願者には必ず両親または親族による後見人を必要とする。この後見人制は二重のチェック機能を果たしている。そのひとつは若者が受洗して教会加入の意志を示さない場合、かれは忠告者としての役割を行使する。今ひとつは後見人自身が自らの義務を怠った場合、かれが牧師の勧告の対象となる。この二重の機能でコロニアのすべての若者が洗礼を受け、全員が終末の日のための備えが可能となるというのである。われわれが滞在した村3Aの「教籍簿」(Seele Buch) によれば、受洗は一六歳から二三歳までであり、平均は男性二〇・五歳、女性一九・四八歳である。

洗礼式は滴礼方式で監督により執行される。初夏の聖霊降臨日前後の日曜日に、監督は四つの教会を巡回して式を司る。新たに洗礼を受けた若者は、はじめて聖餐式への陪席が許される。かれらは洗礼によって正規の教会メンバーに昇格し、今や結婚の有資格者ともみなされる。しかしながら、同時にメノニータスの伝統的生活法に一層忠実でなければならない。とはいえ、コロニアにおけるフルメンバーシップを獲得できるのは、洗礼ではなく結婚である。結婚してはじめて村会議 (Schultenbott) への出席をはじめとする各種の会合、役職者の選出にも参加が許されるのである。

(2) 聖餐

聖餐式は春秋二度、通常の礼拝に引き続いて執行される。六、七月および十月であることが多いという。聖餐式の執行は監督のみであり、洗礼の場合と同じく、ワール氏が各教会を巡回して執行する。ワール氏によれば「われわれの罪のためになされたキリストの苦難と死の記念」として行なわれ、この聖餐を通して「キリストの血による贖い、すなわち永遠の生命にあずかることができる」という。

メノニータスの人々は、聖餐式が執行される特別礼拝の日には朝食をとらず、聖餐の席でキリストの血と肉を意味するパンとブドウ酒を監督の手より受ける。かれらはこの儀礼を通して、自己の罪のために十字架上で息絶えたキリ

写真27　コロニアの第２教会

ストの苦難と死をしのび、かつキリストの足跡に倣うこと（Nachfolge Christi）を誓い、キリストの流した血の贖いによる永遠の生命への約束を再確認するのである。また、ひとつのパンを裂き、ひとつの杯のブドウ酒を分かちあうことにより、かれらはひとつの幹に連なる枝として集団的連帯感と一体感を確認しあい、集団へのアイデンティティを再強化していくのである。しかし、アーミシュなど一部の再洗礼派系集団で聖餐式に引き続いて行なわれる洗足式（Fußwaschen）は、ここでは実践されていない。

(3)　礼拝

上に述べた洗礼が一生に一度の儀礼であり、聖餐が年に二度のそれであるのに対して、礼拝は毎週の儀礼的実践である。メノニータスにおける救済にとり必要かつ充分な条件は、神の意志に適う正しい生活を営むことによって約束されるとの確信である。ところで、この神の意志は聖書に啓示されている。それゆえ、神の意志が記された聖書の説き明かしをする礼拝への出席は、かれらにとり最も重要視される儀礼的行為のひとつであり、毎日曜日午前に開かれる礼拝には必ず出席する。コロニア・ラ・オンダには四つの教会が設立されており、監督および七名の牧師が巡回し順番に説教を担当する。すべてのメンバーは自らの属する教会に出席し、聖書にしたがった生活法、キリストに倣う生活法を学ぶのである。

礼拝の模様は次のようなものである。

教会堂は日乾レンガ造りのいたって質素な建物であり、十字架その他何ひとつの装飾もない（写真27）。メキシコの各地で見かける壮大絢爛たるカトリック聖堂とは大違いである。横に広い会堂の中央正面に一段高くなった説教壇があり、左右に教役者と導唱者の席が設けられている。各村から馬車を駆って集まった会衆は静かにベンチに座る。正面向かって右側に男性、左側に女性が着席するが、入口が男女別々なのは興味深い。午前七時三〇分、ほぼ満堂の会衆が待つ中を数名の導唱者が入場し壇上の席に着き、全員で讃美歌集[17]の三六一番開会の讃歌（Morgen Lied）を唱う。オルガン伴奏は禁じられており、導唱者の先導によって会衆が唱う。ユニゾンである。

讃美歌斉唱が終わりに近づくと、長靴にフロックコートを着用した牧師が別室から説教台に登壇し、祈禱ののち説教をはじめる。説教とはいえ、説教本を朗読するのが慣例だという。説教は福音書にもとづいたイエスの事跡に中心がおかれている。イエスの足跡を学ぶのが礼拝説教の目的だからである。しかし、とくにコロニアで問題が生じた場合には、その問題に対する正しい聖書的解釈が語られるという。また、洗礼の時期が近づくにつれて、説教でも洗礼志願をうながすことがしばしばだという。

約一時間にわたる説教のちょうど中ほどで説教が中断され、会衆はひざまずいて黙禱する。説教後も同じく黙禱する。最後の讃美歌が唱われて礼拝は終了する。礼拝が持たれる日曜日は聖なる安息日であり、一切の日常的労働は慎まなければならない。しかし、牛馬などの家畜や家禽類の世話は許される。午後のひととき、かれらは親兄弟あるいは友人などの訪問に時を過ごすことがしばしばである。

(4)　追放

再洗礼派系集団に特有の追放（Bann）の制度は、上に述べた洗礼や聖餐が積極的な意味での救済の手段であるのに対して、集団的救済にとり負の作用をもたらす要因を除去するという消極的な意味を持っている。不服従の教会員（ungehorsamen Gleider）のすべてを教会から除去し、教会を清く正しく傷のないものに保つためである。ワール氏は「パウロが悪人をあなた方の中から取り除くようにと勧めている（コリント人への第一の手紙五章一三節）。またイエス自身も教会のいうことをきかないなら、かれを異邦人や取税人同様に取り扱いなさい（マタイによる福音書八章一七節）と教えておられる。この教えにしたがって、教会に不服従の者を追放に処するのだ」とその根拠を語った。

かれらにおいては、アーミシュにみられるような「戒律」は存在しない。かれらが追放の基準として用いるのは聖書そのものである。不服従とみなされる教会員とは「不品行な者、貪欲な者、偶像を礼拝する者、人をそしる者、酒に酔う者、略奪をする者」（コリント人への第一の手紙五章一一節）である。また、悪とすることがらは「不品行、汚れ、好色、偶像礼拝、まじない、敵意、争い、そねみ、怒り、党派心、分裂、分派、ねたみ、泥酔、宴楽およびそのたぐい」（ガラテヤ人への手紙五章一九―二一節）である。教会員の中でこのような不服従の者あるいは悪しき行為をした者は、教役者会の議を経て追放に処せられる。この追放宣言は監督にのみ与えられた権能である。

しかしながら、ペンナー氏によれば、最近実際に追放に処せられた者の罪状は、上記の項目に該当する者のほか、禁じられている自動車の所有、トラクターにゴムタイヤの装着、映画見物が含まれているという。ワール氏は「この世と妥協してはならない、とパウロが教えているように、一般の人々が所有し愛している物を所有してはならないし、一般の人と同じことを行えば追放に処せられる」という。また「われわれは兵役免除の特権が与えられているが、万一兵役に服する者があれば、かれは即座に追放される。これはわれわれの祖先が決めた鉄則である」と。

ワール氏が語る追放宣言に至るまでのプロセスは次のごとくである。

逸脱者があれば直ちに情報提供者が監督の指示にしたがい忠告を与える。この忠告にしたがわない場合には教役者会で論じ、説教で悔い改める勧告をする。この勧告にもしたがわなければ、礼拝後に男性教会員のみによる教会法廷が開かれ、監督による追放宣言がなされる。実際にこの宣言が効力を発するのは猶予期間の八日を過ぎてからである。追放に処せられた者は、当然のことながら、礼拝出席、聖餐陪席も許されない。コロニアの人々はかれと一切の交渉を持つことも許されない。家族と共に住み続けることはできても、食事は別卓である。この追放は一種の社会的追放いわば「村八分」的制裁であり、コロニアから外部のメキシコ社会に完全に放逐するものではない。

この追放は集団的救済にとって負の要因を除去することのみが唯一の目的ではない。むしろ、本来的には逸脱者に悔改めをうながし、メノニータスの正しい軌道を歩むための矯正を目的とした刑罰である。したがって、前非を悔い、教会復帰の意志を表明し、それを教役者会と全会衆が承認するところとなれば、教会復帰(Wiederannehmung)が許される。復帰の宣言も監督のみが行なういうる。かくして、かれら全員が欠けることなく、救済のための備えをすることが可能となるのである。

教会員に対する追放のみでなく、かれらはメキシコ社会との接触を可能な限り絶っている。このことを追放に対して隔絶(Absonderung)あるいは後退(Entziehung)と呼んでいる。ワール氏は「不信仰の人々、聖書に従わない者との接触を絶ち、かれらから身を引くこと」という。かれは「メキシコ人の中にも聖書に忠実に生活している人々がいることは認める」といいつつも、「やはりかれらはわれわれと異なっており、かれらとの接触は極力避けなければならない」と述べる。メキシコ人はメノニータスの解釈にしたがった聖書には忠実でない、ということのようである。ともあれ、隔絶と後退を通して、かれらは集団として自らが罪に染まることなく、また非難されるところのない集団として、正しい神との関係を終末の日にそなえて保持しようとしているのである。

第三節　社会構造

アルトコロニー・メノナイトは、これまで明らかにしたように、その究極的目標とでもいうべき集団的救済を達成することを主眼として、かれら独自のウェイ・オブ・ライフを展開すべく、外部社会の干渉、接触を可能な限り排除し、かれらのみの孤立した共同体の構築に集団的かつ組織的な努力を試みている。かれらは移住に際して、つねに宗教信仰の自由、独自の教育制度、兵役免除といった共同体に対する政府当局の干渉の排除と自治管理権を要求し、承認を得たうえで移住、入植しているのである。この姿は今日のメキシコにおいても継承されている。コロニア・ラ・オンダにおいても、行政的にはサカテカス州当局やミゲル・アウサの町当局の管轄下にあるとはいえ、治外法権的ともいいうるようなひとつの独立した自治社会を形成しているのである。

かれらにとってのコロニアは単なる生活共同体ではなく、メノニータス信仰を共有する信徒たちによって構成された宗教共同体なのである。したがって、ワール氏のいうように、コロニアはいまだ完全に実現されてはいないが、地上における可視的な神の王国ともみなされるのである。それはともかく、このような理念に立脚するメノニータスによって形成されているコロニアは、いかなる社会構造を有しているのであろうか。以下、家族、村、コロニアのレベルに分かって述べていくことにしよう。

1　家　族

メノニータスにおいても、他のキリスト教諸教派と同じく厳格な一夫一妻制をとっている。メキシコ社会でしばしば、かれらが一夫多妻制を実践しているとの風評を耳にしたが、これはまったく根拠のない噂であるにすぎない。

結婚は洗礼を受けたのちはじめて許される。前に述べたように、若者は再洗礼派の伝統にしたがい二〇歳前後で成人洗礼を受ける。もちろん、かれらの婚姻は宗教的内婚でなければならない。もし、メキシコ人を配偶者に選ぶとすれば、直ちにコロニアから追放されるという。実際にはこうした事例は皆無である。配偶者選択は原則的には自由であり、コロニア内部あるいは他のコロニア出身者から選ばれる。前者のケースが圧倒的に多いとのことである。日曜日の礼拝ののち若者のみが集まる機会がある。これにはラ・オンダのみでなく、ドゥランゴ州のコロニア・ヌエボ・イデアールからの来訪者も加わることがあり、この若者の集いが配偶者選択の機会を提供している。しかし、アーミシュの「歌の会」に似ているようではあるが、ここの場合ただ集まって雑談にふけるだけだという。

特定の相手が定まると、当事者は牧師に結婚の意志を報告し、挙式の前週の礼拝時に公表される。結婚式は日曜日の礼拝に引き続いて行なわれる。司式者は牧師である。讃美歌、説教、誓約からなる式はいたって簡素であり、新郎新婦は伝統的な黒の衣服に身を包むのみである。前記村3Aの教籍簿によれば、二一組の夫婦の中、七月から十月までの四ヵ月に一三組が挙式しているが、とくに決まった結婚シーズンはないという。結婚年齢は男性が一七歳から二四歳まで、平均二一・〇六歳、女性は一七歳から二三歳、平均一九・六六歳である。

メノニータス家族の子供数もいたって多い。「生めよ、ふえよ、地に満ちよ」（創世記一章二八節）の戒めをかたくなに守り、一切の産児制限を禁じているからである。村3Aの二一家族の子供数は最高一五名、一〇名以上が六家族、平均すると七・四五名である。この中、年齢的に出産の可能性のない完成家族と考えられる一〇家族をとれば、平均一〇・六名の子供数である。したがってコロニアの人口増加率はかなり高い数値になっており、年平均四ないし五パーセントにも達している。他方、幼児死亡率も高く、二一家族の全出生者一六四名のうち、二歳未満での死亡者は一三名、七・九三パーセントの高率を示している。とくに、ラ・オンダ入植直後の悪い衛生状態、三名の助産婦の介護があったとはいえ、自宅での出産といった事態が、この高い幼児死亡率に反映しているのであろう。

さらに興味深いことは、メキシコ移住後すでに八〇年を経過しているにもかかわらず、これらの子供に依然としてドイツ的な名前がつけられ、スペイン語名はまったくないという事実である。教籍簿によれば、男性はHeinrich, Jakob, Isaak, Johann, Bernard, Abramなど、女性にはMaria, Anna, Helena, Susanna, Katherinaなどである。

子供は比較的早い時期から、少年は父親の、少女は母親の仕事の手伝いをし、農業や家事の技能を身につける。また、少年は六歳から一三歳まで、少女は六歳から一二歳まで、各村に設置されている単級小学校に通う。この小学校についてはのちに述べよう。小学校を卒えると、宗教的にはいまだ未熟者であっても、肉体的には一人前として過され、それぞれの労働分野に従事する。そして、二〇歳前後で受洗し、やがて結婚することになるのである。

コロニア内の各家族は原則として農業を営んでいる。一部の若者や土地無所有の者は、コロニア内の雑貨店やチーズ工場その他に就労している。農家は一戸平均三二・七七ヘクタールの農地を耕作し、雑豆類、トウモロコシ、麦類、蔬菜類を生産している。これらの農作物のうち、自家消費分をのぞく大半は、政府買上げ機関（Conaspo）によって独占的に買い上げられている。さらに一戸平均一〇頭の乳牛を飼育している。かれらには鉄輪トラクターの使用は許可されている。

これらの家族が居住する家屋は日乾レンガ造りの簡単な平屋建てである。屋外には便所、牛舎、馬舎、豚舎、鶏舎、倉庫、農機具・馬車置場などをみることができる。さらに、敷地の片隅には風車の鉄塔が建てられ井戸水を汲み上げている。アーミシュと同じく電力の使用を禁じているからである。住居の周囲には花壇、果樹園、菜園が主婦の手によりよく手入れされている（写真28）。

写真28　ペンナー家のたたずまい

2　村

さきにも述べたように、コロニア・ラ・オンダの家族は、二四の村（Dorf）と呼ばれる単位集団に分かって居住している。平均すると二四家族からなる村は、かれらの日常的社会生活上きわめて重要である。村3Aの場合は二一家族、男性七一名、女性六九名、合計一四〇名からなっている。

村は道幅三、四〇メートルある一本の道を中心に、両側におよそ一〇〇メートル間隔で一戸ずつ、村民の家屋その他が整然と並んでおり、その背後に納屋、畜舎が、そして農場が広がっている。村の中心部には小学校が位置し、これに隣接して教師用住宅と畜舎があり、その背後には一〇ヘクタールの教師用農地が用意されている。さらにその後方部に村の共同墓地（Totenacker）が設置されている。いずれの村も同じ構造である。ペンナー氏によれば、この村の構造は古いヨーロッパの村落パターンであり、ウクライナでもこのパターンであったし、今日でもメキシコのみならず、カナダやボリビアのアルトコロニー・メノナイトのコロニーにおいても、同じパターンの村構造をみることができるという。

村は村内の土地所有家長（Wirt）からなる村会議（Schultenbott）において選出された、一年任期の村長（Schult）により管理されている。かれの主たる職務は、村内の共同牧場の管理と牧童の雇用、小学校の運営管理、税の割当て、未舗装の道路や排水側溝の修復整備などであり、村会議の同意を得てこれらの職務を遂行する。とくに重要なのは小学校教師の任用である。不適格教師を任用した場合には監督によりその罷免が要求されるなど、村長の責任が問われるからである。村民の教籍簿を保管するのも村長の任務である。

村には村長の他に副村長および二名の会計がおり、一名は村の会計を、他は主に火災保険を担当する。村会議は原則として月に一度、最低でも年に四度必要に応じて開催され、上記役職者の選出、小学校教師の任免、村内の道路、排水溝の補修に関することなどが主たる議題になるという。

3　コロニア

ウクライナにおいてもまたカナダにおいても、メノナイト集団がその宗教的理念にもとづき強調したことのひとつは、その共同体をかれら自身の手で管理運営し、政府当局の干渉を極度に拒むという姿勢であった。この態度はメキシコ移住に際しても、当時のオブレゴン大統領の特許状に示されているように依然継続されており、かれら独自の社会組織を展開しているのである。コロニア・ラ・オンダも行政的にはサカテカス州当局あるいはミゲル・アウサの町当局の管轄下にあるとはいえ、コロニアはひとつの独立した自治区を形成しているといってよい。

コロニア全体を統括する最高責任者でありまた最高指導者は、先に述べた監督その人であり、それを補佐するのが牧師である。そして、かれらの指導監督下に、主として世俗的側面を担当する実務責任者（Vorsteher）が、村会議の推薦を得て選出されている。かれにはコロニアの世俗的な諸事、州や町当局との接渉とくに土地の管理、土地台帳の保管が委ねられている。一九六四年のコロニア・ラ・オンダ創設時に、一八三名の名義で購入された土地は入植者に再配分され、現在は各家族が事実上所有しかつ耕作してはいるが、本来的にはコロニア自体に所属しているからでである。したがって、土地の最終的なコントロール権は、実質的にはこの実務責任者に与えられている。かれは州や町当局との対外交渉役でもあるために、かなりのスペイン語能力の所有者でなければならないという。

この実務責任者のほかに、コロニア全体にかかわる役職者として、かれを補佐する副責任者、孤児がいれば適当な家族に養育を依頼する孤児係（Weisen Männer）、火災や自然災害による家屋、家畜の損失を補う保険係（Brand Vorsteher）、徴税業務を代行する税務係（Tax Vorsteher）がそれぞれ任命されている。これらの役職者はすべて自営農民の兼業である。教役者には何らの報酬も支払われないが、世俗的役職者には任務に要した時間に応じて報酬が支払われる。税務係であるペンナー氏は、一家族あたり三〇ペソの手数料を受け取るという。

コロニアにみられる社会組織は、このように宗教的教役者群とコロニアおよび村レベルにおける世俗的生活面を担当する役職群の二つの系統に分かつことができる。とはいえ、かれらの中にあってはこの両者は密接な関係を有しているものの、宗教的教役者群の世俗的役職者群に対する絶対的優位性は否定することができない。世俗的役職者として選出された者が宗教信仰という視点から不適当とみなされれば、教役者会で審議されたのち、監督からその就任に拒否権が発動されることがあるからである。

第四節　宗教的社会化

メノニータスにおいて最ものぞましい人物像、いわば理想的人物像は「堅固な信仰心を有する仕事のよくできる人」であるという。かれらにあっては「信仰心がうすくとも仕事のよくできる人」よりも「仕事ができなくても信仰心の篤い人」の方に高い価値が与えられている。宗教的側面に第一義的価値をおくのが、メノニータス・システムの基本的パターンだからである。上に述べたメノニータスの伝統的信仰と実践に固く立ち、かつ強靭な肉体をもって農業活動にいそしみ、よき家族をおこす人を養育すること、これが社会化の主たる機関である家族と小学校とに神から与えられた責務であると考えられている。家族と小学校における社会化の方向は、まさにかかる宗教的側面に高い価値づけがおかれている理想的人物を育成するためにセットされている、ということができよう。この意味で、コロニア・メノニータスにおいて実践されている社会化もまた、「宗教的社会化」と呼ぶことが許されると思われる。以下、乳幼児、学童、そして洗礼にいたるまでの青年といった、発達段階にしたがっての宗教的社会化のプロセスを幾分か詳細に述べていこう。

1　乳幼児

すでに述べたように、ここでの家族の子供数はいちじるしく多く、完成家族の平均子供数は一〇・六名にも達している。そして、ヨーロッパの祖国を離れて五〇〇年近くにもなろうかという今日のメキシコにおいても、かれらの新生児にドイツ的な名前が与えられている事実は興味深い。

メノニータスにおいても、誕生に関する儀礼的行為はまったく行なわれない。アーミシュやハッタライトと同じく、再洗礼派の伝統にしたがい幼児洗礼を否定しており、生後間もない乳児に洗礼を授けることはない。幼児はいまだ罪に染まっておらず、最も天国に近い存在である、との児童観を有している。したがって、未受洗であっても、幼児は天国に入ることが許されるという。ワール氏は「善悪の判断ができるようになるまでは罪を負っていない。その判断が可能になってから洗礼を受けるべきだ」といい、原理的には「信じて洗礼を受ける者が救われる」と述べる。

幼児は喃語（幼児語）がいえる段階になると、何よりもまず「アーメン」が教えられ、ついで言葉の発達にともない「主の祈り」（Vater unsers）、食前食後、起床就寝の祈りが教えられる。幼児がそれらを諳んじて祈れるようになるまで、両親またはそのいずれかが傍らで一緒に声を出して祈るという(18)。

この時期の幼児は両親をはじめ多くの親族や村の人たちから大きな寵愛を受ける。両親は幼児に怪我をしないような安全への態度、近隣の同年齢の子供たちと仲よく協調する態度、あるいは村から遠くへ出かけないなど、コロニアでの初歩的な生活に注意を与える。ハッタライトにみられた保育所のたぐいはここにはない。日曜日の礼拝には幼児も両親と共に出席する。この年齢に達した幼児には年齢相応の日常的な責任を持つ仕事を両親は指示する。卵集め、犬猫の施餌、片づけなどである。しかし、それらは小学校入学後に課せられる仕事と比較すれば、いたって軽度のものであるにすぎない。したがって、この時期がかれらの生涯で最も自由で最も楽しい時期だろうという。就学前の子供は Klein Jong（小さな若者）と呼ばれており、かれらは小学校に入学する日を指折り数えて楽しみに待っているとのことである。

2 学　童

メノニータスはかれら独自の伝統的ウェイ・オブ・ライフにしたがって、次世代を宗教的に社会化することに大きな関心をいだいている。とくに、かれらが設置している小学校はそのためのいたって重要な機能を果たしていることから、幾分か詳細に述べることにしよう。

メノナイト集団が移住に際して、自らの生活様式、文化的パターンの伝達を主目的とする固有の教育体系の維持を、移住先の政府当局に必ず承認させてきた事実は、かれらの歴史が雄弁に物語っている。とりわけ、この教育問題がカナダにおけるアルトコロニー・メノナイト・グループ（今日のメキシコのメノニータス）成立にとっての主要な原因であったし、また、カナダからメキシコ移住の中心課題のひとつに数えられたことからも、かれらがこの教育問題をいかに重要視しているかを理解することができよう。

一九二一年かれらがメキシコに移住するに当たって、当時のメキシコ大統領から、宗教信仰の自由、兵役免除、自治権などと共に、教育に関する特権の保証を獲得している。大統領の「特許状」には次のような記載をみることができる。すなわち、「あなた方は、独自の教師による独自の学校を設立する権利を完全かつ公式に認められ、政府はいかなる形態においても、あなた方に介入することはない」と。このオブレゴン大統領による許可を得て、かれらは「独自の教師による独自の学校」(propias escuelas con propios maestros) を設立している。それはカリキュラム、教育年限、教師資格その他学校運営面のすべてにわたり、メキシコ政府当局の干渉から完全に独立した小学校なのである。

二人の小学校教師、デュルクセン氏とウィーベ氏との面談、およびわたし自身の参与観察によるメノニータス小学校の姿は以下のごとくである (写真29)。

コロニアの小学校は各村の中央部に一校宛設置されている。ラ・オンダでは二四の小学校におよそ一、〇〇〇名の児童が在籍、それぞれ一名の教師が担当する単級小学校である。校舎および教師用住宅は村の費用で建築されている。日乾レンガ造りのいたって簡素な校舎であり、さほど広くない校庭には何ひとつの遊具もない。その営繕補修などの管理、学校運営はすべて村長を中心とする村の役職者の責任である。

小学校は男子が六歳から一三歳までの七年制、女子が六歳から一二歳までの六年制であり、一校平均児童数は四〇名強である。教育する科目はかれらの伝統的生活様式の伝達、とりわけ宗教信仰の涵養に主眼がおかれており、いわゆる 3R's education である。ドイツ語による読み、書き、そして度量衡を中心とする算数、それに歌唱が加えられる程度である。読み書きにはルター訳ドイツ語聖書が用いられ、とくに書き方はドイツ語式とラテン語式の二つの筆記法が教えられている。歌唱は教会礼拝で用いられる讃美歌集によっている。

たしかに、この小学校では一応の学年制はあるが、実質的には大きく三つの段階に分けられる。すなわち、一、二年生が『教理問答書』、三、四年生にはそれらに加えて『新約聖書』が、さらに五、六、七年生になると『旧約聖書』

写真29　村３Ａの小学校児童と教師のウィーベ氏（中央右側の大人。左側は著者）

を加えて『聖書』全体が教えられるということである。この場合、児童に聖書の特定の章句を暗記させるといった程度で、とくに教師が聖書の解釈をするものではない。聖書解釈は教師ではなく、監督や牧師の役割だからである。教室では男子が正面向かって左側に、女子は右側に席を占める。面白いことは、席順は前方が上級生で後方が下級生であり、最前列は七年生男子と六年生女子、最後列は一年生ということになる。また、同一学年では成績上位者が内側であり、したがって、最前列内側は男子の場合、最も成績のよい七年生、女子の場合は同じく六年生ということになる。この単級の校舎の出入口が男女別々というのも、教会の場合同様に面白い点である。

教師は、この小学校でとくに宗教教育をしているわけではない、と明言する。メノニータスの教理に関しては礼拝において教役者が、あるいは家族内では父親が教えるのが当然であり、ことさらに小学校で教える必要はない、とかれらは説明する。ここでは『教理問答書』や『聖書』がテキストとして用いられ、礼拝用讃美歌が唱われるなど、一般の基準からすれば、かなりの宗教教育が実施されている感を強く受ける。しかし、かれらの立場からはむしろこれらこそ教育のための必要な教材であって、ことさらに宗教教育を実施しているとの意識はないのかもしれない。さらにいえば、メノニータス・システムにあっては、宗教的教材を用いて宗教的に教育すること、つまり「信仰心を強く有する人」に子供を育成することのみが、「教育」それ自体であるとの確信を持っている、と思われるのである。換言すれば、かれらにとって日常的な教育の意味するところは、むしろわれわれがあえて「宗教的」という特定の意味を付与する教育と概ね同義であるということである。

教師は女性であっても問題はないというが、実際はすべて男性がその任に当たっている。制度化された教師養成法が確立されているわけでなく、教師志願者と村会議との交渉が合意に達すれば任用が決定する、という程度である。契約は一年であり、もちろん更新は可能だという。この場合、教師は必ず他の村の居住者でなければならない。村会議との合意で任用が決定すれば、教師は他村にある自宅や農場をそのままにして、任用の村が提供する教師用住宅に転居する。かれには教師用農地として一〇ヘクタールが貸与される。もちろん、教師はメキシコ政府認可の正規の教員免状の所有者ではない。独自の教師任用の権利はすでに政府から承認されているからである。教師資格はメノニータス信仰に固く立ち、その伝統的生活にいかに忠実にコミットしているかという点にある。自らが信じる宗教的信念、自らが生きる伝統的生活様式を、直接児童に伝達することができる成人であること、このことが唯一の小学校教師の資格なのである。

先述のように、小学校ではドイツ語を中心とした伝統的文化の伝達、とりわけ、意識的ではないにせよ宗教教育に重点がおかれているために、かなりの頻度で教役者、役職者による小学校視察が行なわれている。各小学校の正面左側に視察者用のベンチすら設けられている（写真30）。監督および牧師は学年末の二月にすべての小学校を視察し、教育内容と方法、児童の出席状況をチェックする。この際にかれらの不興を買うような事態があれば、直ちにその村会議に対して教師更迭を要求することができる。かれらの権能は村長、村会議に優先するからである。また、教師の

写真30　教室で視察者用ベンチに座すペンナー氏（正面左側）

不都合なことが村の情報提供者の耳に入れば直ちに監督に通報され、教師更迭の指示が村に伝えられ、場合によっては教役者会で聴聞に付されるという。

小学校における教育法は暗記が主体であり、児童は『教理問答書』（写真31）の問答あるいは『聖書』の言葉をつねに暗記しなければならない。算数の計算は石板に石筆を用いていた（写真32）。暗記や計算がよくできた時には、教師が飴や一ペソといった賞品（金）を与えてほめる。しかし、暗記ができなかったり、嘘をついたり、教師の指示に服さなかった場合には、つねに携えている皮の鞭で打つことがよくみかけられる。教師はかなりの権威を保っており、児童も教師によく服従している様子がうかがわれる。

この期の児童は幼児期についで比較的自由を享受しているようである。下校後には軽度の作業が与えられる程度で、ほとんどの時間を村の同輩の遊戯集団と過ごすのである。家屋の周囲にある菜園の手入れ、牛馬の世話、搾乳、炊事といった両親の手伝いが求められるくらいであり、いまだ責任ある仕事を委ねられることはない（写真33）。

ここで、家族と小学校を通して、メノニータスの伝統的生

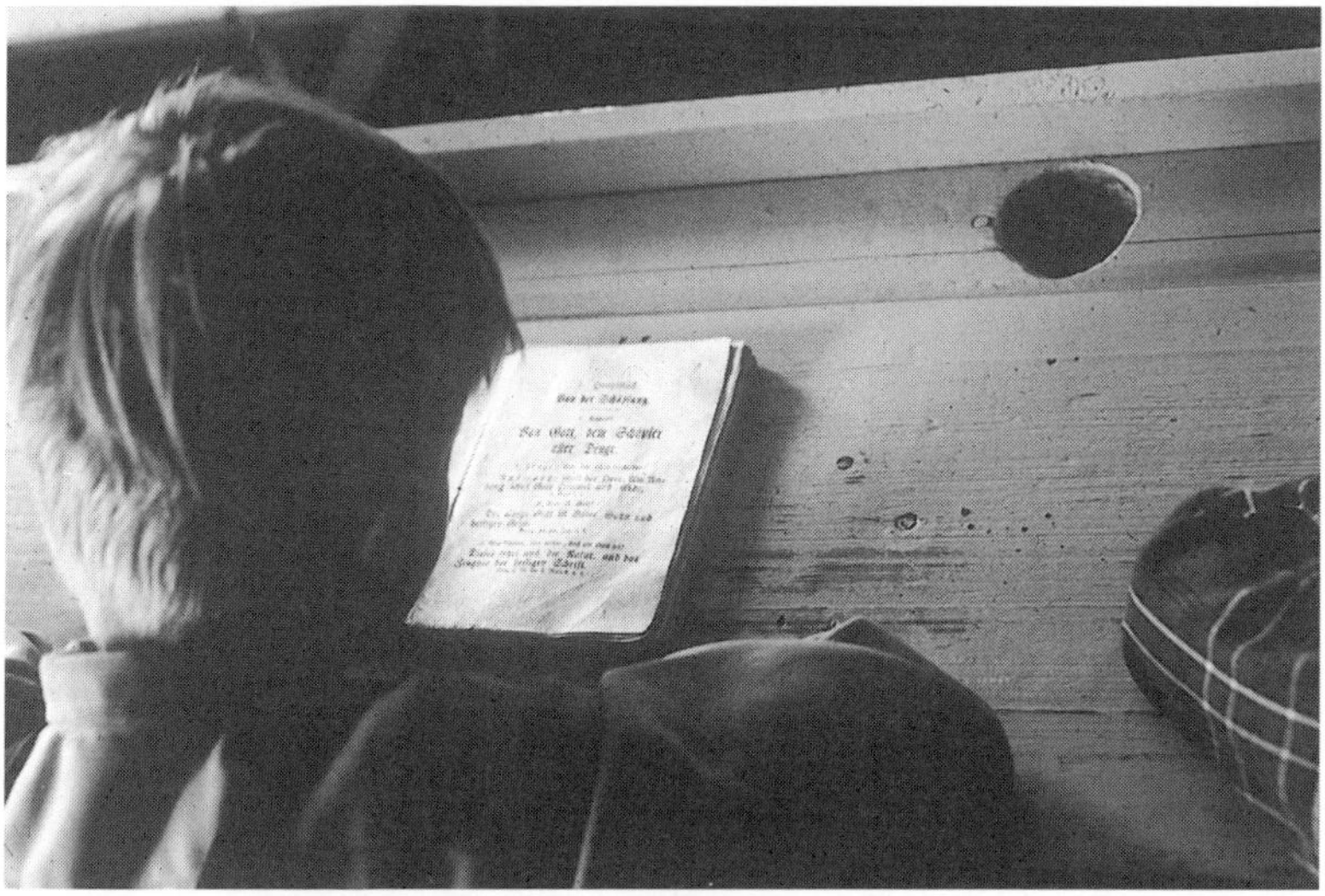

写真31　『教理問答書』を学ぶ児童

写真32　石板を用いる女子児童

活様式あるいは宗教的価値体系が、かれら児童のうちに内面化されている姿を「文章完成テスト」の結果から簡要に述べておこう。

設問「神」（Gott）に対して「すべてのものにまさって神に感謝する」「すべてにまさって神を愛する」など、かれらの多くは神を愛し感謝する存在ととらえている。また、「人は……であるべきだ」（Man sollte）についても、「つねに感謝すべきである」「いつも従順でなければならない」あるいは、勤勉、謙譲といったこの共同体における価値規範をかなり内面化した反応をみることができる。

さらに、「町の人々」（Die Menschen in der Stadt）と、メキシコ人社会への自らの位置づけを問うたのに対して、「違う習慣をもっている」「土着の人々」「メキシコ人」「（町の人々について）ほとんど知らない」と、自らとメキシコ人との同一視はまったくみられない。かれらはすでに国籍でいえばメキシコ市民であるにもかかわらず、自らをメキシコ市民とはみなしていないのである。ともあれ、かれらに与えられている世界は、メキシコ社会から孤立したメノニータス世界のみであり、この自らの世界にのみ強いアイデンティティを抱いているのである。もちろん、かれらはメキシコ社会に中学校（Secundaria）、高等学校（Preparatoria）、そして大学（Universidad）が存在することすら

写真33　農作業を手伝う少女

知らない。かれらはただかれらの小学校で学ぶのみで、上級の教育機関にコロニア共同体を離れて進学することはまったくありえないことなのである。

3　青　年

小学校を卒業すると、若者は肉体的には一人前に近い者として遇される。宗教的には『教理問答書』を一応暗記しているということもあって、教会員としての資格に一歩前進したことも意味するが、かれらは依然として児童と同じくJong（若者）と呼ばれる。各家族では小学校在学中から父親が祈り、聖書、メノナイト史などを教えるが、卒業後はさらにその頻度も多くなるという。ほとんどの家にはメノナイト派の殉教者列伝ともいうべき『殉教者の鑑』（*Martyrerspiegel*）、『聖書物語』（*Die Biblische Geschichte für Schulen und Familien*）などを備えており、父親が食事などの折に聖書と共にこれらの書物の朗読を通して、家族全員の信仰の涵養につとめるのである。

この時期の若者は、小学校在学中にいくらか寛大に見過ごされていた礼拝出席は今や義務となり、毎日曜日自らの属する教会に必ず出席しなければならない。また、若者の活動範囲も拡大され、他村の若者との交流を持つ。しかし、それはコロニア内に限定されており、メキシコ人の若者との親密な交友関係は皆無である。かれらは馬車の操作が許され、他村に馬車で出掛けてそこの同輩集団と行動を共にする。時には、集団でメキシコ人集落を訪れてビールを購入することも稀ではあるがあるという。メノニータスは原則として禁酒禁煙であるが、若者の間にはこのような若干の逸脱がみられる。しかし、こうした逸脱は一時的なものとして大目に見過ごされているともいう。

他方、かれらは以前にもまして農民としてひとり立ちできるように、種々の教育が実施される。男女共に親の手伝いをしながら仕事を習得していく。男性の場合は農業機械の操作、整備、修理の方法、耕作、種蒔き、収穫の時期と方法、家畜の飼育法などである。女性はパン焼き、クッキー作り、炊事、保存食料の製法、衣服の用達などであり、父親、母親、時として村の成人がかれらの教師となる。コロニア・メノニータスでは性による大まかな分業が確立されており、男性は屋外での農作業を、女性は屋内での家事全般を主に行なうが、台所仕事を好む男性、トラクターの運転台に乗る女性もいるという。

あるインフォーマントはこのような学童期から青年期にかけての成長を、トウモロコシ栽培と同じであると次のように説明した。「トウモロコシは六月中旬に種をまき、約三ヵ月にわたる土寄せ、施肥、除草、害虫駆除などの期間を必要とした上で、やがて実を結び九月から一〇月にかけての収穫期にいたる。同様に、子供も小学校がいわば種まきであり、それから『聖書』や『教理問答書』を覚え、農作業や家事を習得し、その間、時には鞭や罰が与えられる。一人前の成人になるまでには一〇年以上の歳月を必要とする。人間の成長はトウモロコシより時間がかかるが、およそ二〇歳位で実を結び、洗礼が許されるようになる」と。

前にも述べたように、コロニアすべての若者が、このようにして宗教的社会化のプロセスを経過して洗礼にまで至るのである。教会教役者による直接間接の主導のもとに、むしろ日常的とすらいいうる小学校における、また家族における宗教的社会化は、伝統的宗教的信念、価値規範、行動様式、社会関係を含むかれらの宗教的世界観の内面化に、いちじるしい成果をおさめているということができよう。さらには、幼児から学童、青年へという段階、とりわけ洗礼による教会メンバーとしての公的承認といったコロニア共同体におけるステータスの上昇は、かれらに強力な宗教的社会化の動機づけの刺戟としても作用していることがうかがわれるのである。

第五節　経済活動その他

1　経済活動

初期再洗礼派信徒の大多数は都市居住者であったといわれている。しかしながら、絶えざる迫害と弾圧はしだいにかれらを農村部、それも未開拓で孤立した山間の僻村での農業をもって生計を立てる方向へと向かわせた。今日においても、一部都市化された群をのぞくと、再洗礼派系の諸集団の大部分、とりわけアーミシュやハッタライトなどは明らかに農村部に居住し、農業中心主義を貫いている。このことはすでに述べたところである。

アルトコロニー・メノナイトつまりメノニータスとて例外ではなく、ウクライナ、カナダのマニトバ、そしてメキシコと農業に適した土地を求めて移住を繰り返しているのである。『額に汗して地から食物をとる』ことが神の意志であり、農業が神に祝福される唯一の職業である。われわれはこの農業を営むという契約でこの国メキシコに来たのであるから、農業以外のことはしない」と、コロニア・ラ・オンダの監督ワール氏はメノニータスの農業至上主義を説明する。農業は都市部での労働と異なり、外部世界、メキシコ社会との接触をことさら必要としない。再洗礼派系集団の多くが農業至上主義をとるのは、農業が共同体による自給自足性を相対的に可能にするし、かれらの基本的信念のひとつである「世俗世界からの分離」のより効果的な手段となりうるからである。ワール氏はおよそこのように述べた。

サカテカス州ミゲル・アウサのコロニア・メノニータスの土地は、名義上は便宜的に入植当時の一八三名の個人によって購入されたかたちをとっているものの、現実的には再配分されて個人所有となっている。とはいえ、土地に関する最終的なコントロール権はコロニア自体にあり、土地台帳はコロニアの実務責任者が保管している。したがって、

写真34　唯一の交通手段のゴムタイヤ付馬車

個人はコロニアの承認を受けて役職者の手を経なければ、土地の売買をすることはできない仕組みとなっている。もし、誰かその所有する土地を許可なく勝手に、たとえコロニア居住の他者に対してといえども売却するとすれば、かれは即座にコロニアの役職者による処分を免れえないのである。ここでの土地所有形態は、アーミシュのような私有制でもなければ、さりとてハッタライトのような共有制でもない。いわば両者の中間的な特殊な所有形態ということができよう。

コロニアの成員のほとんどは土地を所有する自営農民であり、平均すると一〇名ほどよりなる家族全員が農耕にいそしんでいる。主要作物は麦類、トウモロコシ、雑豆類、蔬菜である。一戸当たりの平均耕作地は麦類が二六・〇三ヘクタール、トウモロコシが五・八七ヘクタール、雑豆類が〇・八七ヘクタール、合計すれば三二・七七ヘクタールである。蔬菜類は住居の周囲の菜園で栽培されている。種まき、施肥、耕作には鉄輪の旧式トラクターが使用されるが、ゴムタイヤは禁止されている。しかし、交通、運搬用の馬車にはゴムタイヤがつけられている（写真34）。これらの農業生産用の機器はすべて個人所有である。メノニータスの旧式とはいえ機械

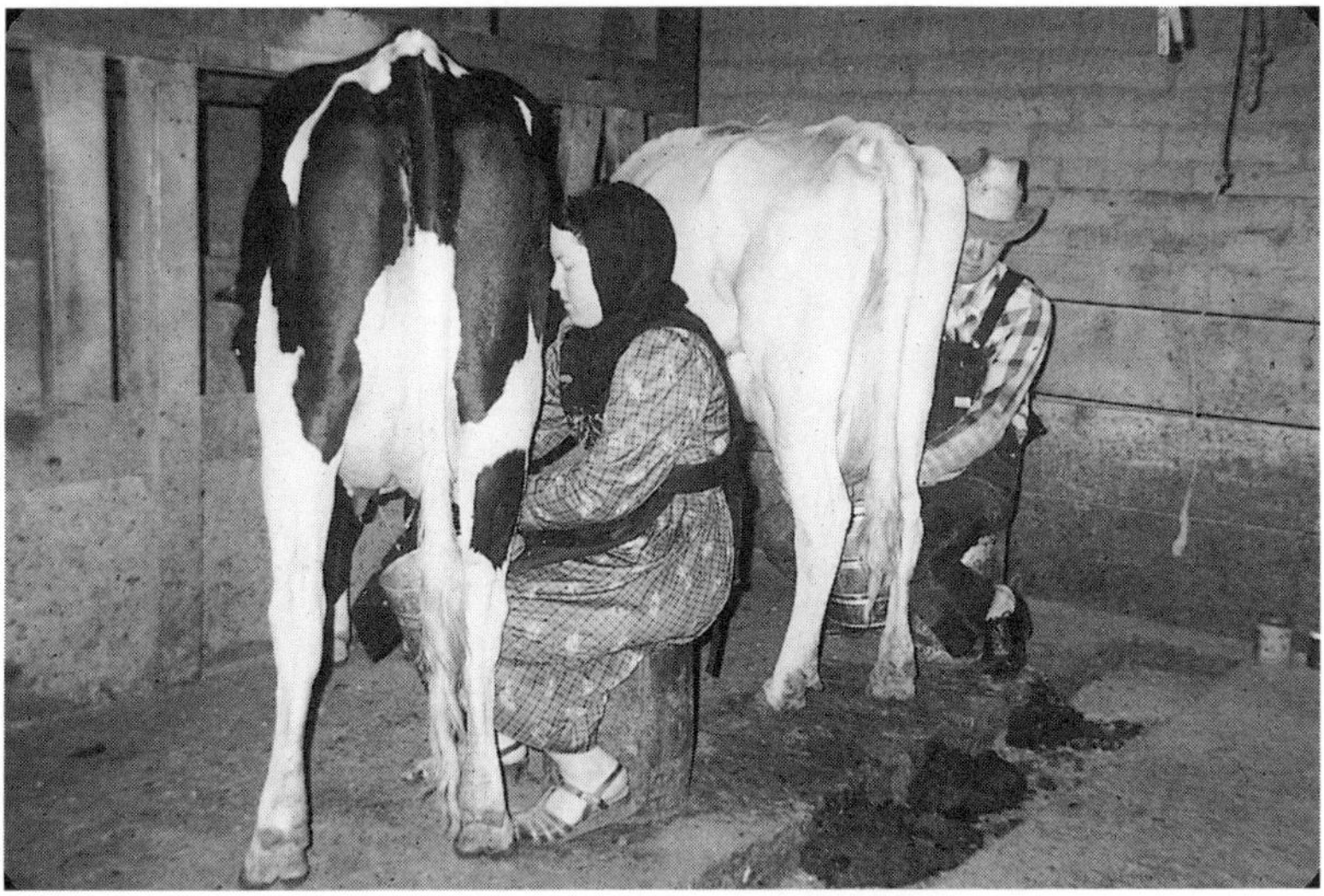

写真35　搾乳をする若い夫婦

化された農法は、周辺の貧しいメキシコ人農民からみると、かなりの近代的農業と映っているようである。農場での労働は主として男性の役割であり、住居周辺の菜園や果樹園は女性の活動領域である。

メノニータス農民の勤勉さには定評がある。ミゲル・アウサの町当局が発行した「メノニータスの村々、ラ・オンダ」というパンフレットに、かれらメノニータスはわれわれメキシコ農民の模範である（En general los menonitas son ejemplo a seguir para nuestros campesinos）旨、記されている。(19) 事実、SARH（Secretaria de Agricultura y Recensos Hidráulicos　農業水利局）の係官によれば、ミゲル・アウサにおける平均収穫量がヘクタール当たり、トウモロコシ四五〇キログラム、雑豆類三五〇キログラム、麦類一、〇〇〇キログラムであるのに対して、コロニア・メノニータスの収穫量は、トウモロコシ、雑豆類共に一、〇〇〇キログラム、麦類は一、三〇〇キログラムに達するといい、メノニータスの勤勉と営農技術を高く評価しているのである。

農作物と並んで牧畜もいたって盛んである。コロニアにはホルスタイン種の乳牛とメキシコ牛（criollo）合わせて

写真36　コロニアのチーズ工場で働くメノニータス

八、〇〇〇頭あまりが飼育されている（写真35）。そのうち半数は乳牛で、飼育農家一戸当たり平均一〇頭である。一日の牛乳生産量は総計五七、〇〇〇リットルに及び、その中の八〇パーセントがチーズ工場に供給される。残りの二〇パーセントは自家消費である。コロニアには商業ベースにのったチーズ工場が七ヵ所あり、各牛乳生産者はそれぞれのチーズ工場と契約を結び、牛乳を売却する。朝夕、チーズ工場から道端に並べられた牛乳缶集荷のための馬車が回ってくる風景をみることができる。メノニータスのチーズ（queso menonita）は、メキシコ社会でもかなり高い評価を得ているようである。牧畜が盛んであるとはいえ、コロニア内の放牧場の面積が飼育牛の頭数に比較して狭すぎる、というのがかれらの頭痛の種であるという。上述の頭数からすれば、最低四〇、〇〇〇ヘクタールの放牧場が必要であるのに、実際は一〇分の一の約三、四〇〇ヘクタールしかないからである。

豚もかなり飼育されており、コロニア全体で二、五〇〇頭近くになるという。ハム、ベーコン、豚チーズ、腸詰め、保存肉などに加工され、自家消費に供される。鶏も各家族

写真37　牛乳を集荷する馬車

レベルで消費用に飼育されている。また、羊も相当数飼育されており、食用のみならず羊毛で毛布その他を生産している。馬は一、四〇〇頭ほど飼育されており、農耕、運搬用のみならず、自動車の使用を禁ずるかれらにとり、ゴムタイヤ付きの馬車はコロニアの重要な交通手段である。

農業がかれらに基本的な自給自足的経済活動の中核であるのはもちろんであるが、すでにコロニアの耕作可能な土地はほとんど耕作されつくされており、新たに結婚する若い家族の中には、耕作農地を所有することができない者がかなり増加している。だからといって、メキシコ人社会に出て就労することは許されない。彼らはコロニア内部で、他の農場の労働者や牧童として、あるいはコロニアに七ヵ所あるチーズ工場、三ヵ所ある雑貨店の従業員として雇用されている（写真36）。中には近くの国道沿いに屋台様の店を出してチーズを販売する者もいる。こうした土地を所有しえない者の増加にそなえて、現在、コロニアでは新たな土地を購入して新しいコロニアを設置するための資金の積立てを実施しており、すでにその候補地の具体的な選定作業に入っているとのことである。

写真38　ペンナー家の食事風景（メノニータス）（テーブル中央に石油ランプ）

2　その他の文化特性

メノニータスが再洗礼派に伝統的な宗教的理念を、かたくななまでに固執していることはすでに述べた。この信念にもとづいて、かれらは外部のメキシコ人社会から可能な限り孤立した共同体つまりコロニアを構築し、外部社会との接触そして干渉を最小限に抑制する社会構造あるいは教育制度を展開している。この宗教的理念にもとづき、かつそのシンボル的表象として、かれらの間に実践されている特異な生活慣行、メキシコ社会でみることのできないメノニータスに固有の姿の二、三を紹介しておきたい。

かれらは交通・運搬の手段としての自動車の使用を禁じ、馬車ないし馬を利用する。この点はアーミシュと同じであるが、アーミシュが鉄輪の馬車でなければならないのに対して、ここではゴムタイヤが使用されている（写真37）。また、かれらも電力の使用を禁じている。動力源は旧式のガソリン・エンジンであり、家屋内での照明には石油ランプが使用される（写真38）。揚水は風力が利用され、住居の傍らに組み立てられた風車のある鉄塔は、アーミシュの村々でみかける風景に似たメノニータスの風物詩のひとつである（写真28）。

かれらの理解によれば、自動車や電気製品といった現代の利器は、まさに「この世的なもの」の典型であり、厳格に忌避されなければならない対象にほかならないのである。

外部社会との接触がきびしく制約されているがゆえに、かれらは数多くの固有の生活実践を保持している。その最も特徴的な姿は、かれらの言語に示されているといえよう。北ドイツ、オランダから東プロシア、ポーランド、ウクライナ、カナダのマニトバあるいはサスカチェワンを経由してメキシコに移住するまで、およそ四〇〇年を経過しているにもかかわらず、今日のかれらの日常用語は依然として低地ドイツ語（Plattdeutsch）である。もっとも、かれらの言語は、実際には低地ドイツ語を基盤に、古いプロシア語、ポーランド語、そして最後に英語が交じり合った、いわば混合語であるともいわれている。[20] アーミシュが高地ドイツ語（Hochdeutsch）をベースにしながらも英語が混入した、いわゆるペンシルバニア・ダッチを日常用語としている事実と類似した現象ということができよう。

宗教用語はドイツ語である。一部のメノニータスはメノー・シモンズ訳であると述べていたが、ルター訳聖書を用いており、礼拝時の讃美歌集（Gesangbuch）も十六、七世紀の作である。説教は伝統的な古い説教本の朗読が主体で、特別な問題が生じた場合には監督が自ら説教原稿を作成することがあるという。『教理問答書』をふくむその他の宗教文献もすべてドイツ語である。このように、かれらの宗教生活はすべてドイツ語で行なわれる。したがって、かれらは等しくドイツ語能力を身につけなければならず、小学校ではこのドイツ語教育に主眼がおかれていることはすでに述べたところである。

また、かれらはメノナイト派の週刊紙 *Die Mennonitische Post* の購読者でもある。この新聞はカナダのマニトバで発行されており、郵送で購読している。一六頁組みの紙面の大部分は各地（たとえば、カナダのサスカチェワン、アルバータ、オンタリオ、マニトバ、ブリティッシュ・コロンビア、メキシコのクワウテモック、サカテカス、ドゥランゴ、パラグアイ、ボリビアなど）からの通信欄（Briefe）で占められている。この紙面作成の様子はアーミシュの週刊紙*Budget*とまったく共通している。

　スペイン語は外部のメキシコ人との会話、対外的な場面で必要とされるにすぎない。メキシコ移住後すでに七、八〇年を経過した今日といえども、スペイン語を流暢に語りうる者は稀である。とりわけ、女性はほとんどスペイン語を話せないという。一部の役職者などが必要上、ある程度スペイン語を理解するのみであるということである。まさに、メキシコにあっての「ドイツ村」といってもよさそうである。

註

（1）G. H. Williams, *The Radical Reformation*, 1962, 400, 488.
（2）*Mennonite Encyclopaedia*, I, 31, II, 10.
（3）David G. Rempel, "The Mennonite Commonwealth in Russia," *MQR.*, 1973, 47, 4, 281f.
（4）*Mennonite Encyclopaedia*, I, 569.
（5）*ibid.*, 570.
（6）George Leibbrandt, "The Emigration of German Mennonites from Russia to the United States and Canada, 1873-1880," *MQR.*, 1933, 7, 1, 6f.
（7）ロシア・ウクライナに残留したメノナイト集団については、あまり知られていない。かれらの最近の動向は、N. I. Il'inykh, "Peculiarities of the Organization and Activity of Mennonite Congregations" (*Soviet Sociology*, 1972, 11, 2, 145-159) によって知るのみである。それによると、エスニックな特性は依然強く、むしろ青年層の信者が増加する傾向がみられ、政府による無神論教育はあまり効果をあげていないという。
（8）*Mennonite Encyclopaedia*, IV, 38.
（9）Calvin Redekop, *Old Colony Mennonites*, 1969, 6f.
（10）マニトバにおける教育問題をめぐっての評価は、E. K. Francis, "The Mennonite School Problem in Manitoba, 1874-1919" (*MQR.*, 1955, 27, 3, 204-207) を参照のこと。

(11) *Mennonite Encyclopaedia*, IV, 40. C. Redekop, *op. cit.*, 13f.
(12) Harry L. Sawatzky, *They Sought a Country*, 1971. 39f.
(13) *Mennonite Encyclopaedia*, IV, 40.
(14) Herbert Minnich, "Mennonites in Latin America," *MQR.*, 1974, 48, 3, 385f.
(15) Paul N. Kraybill (ed.), *Mennonite World Handbook*, 1978, 227f.
(16) ここで用いられている『教理問答書』（カテキズム）は、Katechismus oder kurze und Einfache Unterweisung aus der Heiligen Schriften in Fragen und Antworten zum Gebrach in Kirchen und Schulen である。
(17) ここで用いられている讃美歌集は、Gesangbuch eine Sammlung Geistlichen Lieder zur Allgemeinen Erbauung und zum Lobe Gottes である。
(18) たとえば、食前の祈り（Tischgebetlein）は次のごときものである。Herr Gott, der du gütig und barmherzig bist, durch unsern Herrn Jesum Christ, der du den Himmel und Erde erschaffen, segne unser Brot, Essen und Trinken, in dem Namen des Vaters, des Sohnes und Heiligen Geistes, Amen（ペンナー氏による。訳：主なる神様、あなたはわたしたちの主イエス・キリストのゆえに、善であり慈しみに富み、天と地とを創造された方です。わたしたちのパン、食物、飲物を祝福して下さい。父と子と聖霊のみ名によって。アーメン）
(19) Municipio de Miguel Auza, "Campos Menonitas 'La Honda'," 1980.
(20) H. L. Sawatzky, *op. cit.*, 16.

終章

Konklusion

アーミシュの共同墓地（ペンシルベニア州ランカスター郡）

一

最後に、本書でこれまで述べてきたことの要約ないしまとめを記しておきたい。

本書において、われわれは「聖なる共同体」すなわちアメリカ、カナダに居住する旧派アーミシュおよびハッタライト、そしてメキシコに居住するメノニータスという、宗教社会学の分野でセクト的宗教集団にカテゴライズされる宗教集団の、今日の姿をできる限り克明に述べてきた。同時に、これらの宗教集団のあり方を詳細に記述することを通して、セクト型宗教集団の具体的な特質をも明らかにしてきた。このことが本書の第一の目的とするところである。

これら三つの宗教集団は十六世紀の宗教改革期に発生した再洗礼派に共通の起源を有している。当時のヨーロッパにおける宗教的主要勢力であったカトリック教会をはじめとして新興のプロテスタント諸教会から、異なる教理と実践の体系を持つがゆえに、激しい弾圧と迫害を受け、苦難の末に宗教信仰の自由が保障された北アメリカに渡来している。その逃避の生活のプロセスの中で、かれらは独自の宗教的理念にもとづきそれぞれ排他的な共同体、いわば聖なる共同体を構築し、そこで特異な伝統的文化を展開してきている。それはいかなる姿をとっているのか。さらには、これらのセクト的集団が長期にわたり存続し、今日ではむしろ繁栄の傾向をすら示している。それはいかなる要因によるのであろうか。こうした問題をも本書では取り上げてきたのである。

まずはじめに、われわれはこれら三宗教集団が宗教社会学、とりわけその宗教集団論において、「セクト」という類型に位置づけられていることを、学説史的にあるいは先行研究をもとに検討してきた。すなわち、ウェーバー、とくにトレルチによる類型概念、そしてそれに対する批判を述べ、ウィルソンによるセクト論を概観した。かれもまた、われわれが本書で取り上げた三宗教集団をセクトと位置づけ、さらにかれ自身のセクト類型論から「内省主義的セクト」にカテゴライズしていることを明らかにした。こうした学説史ないし先行研究を理解した上で、現存していることの種のセクトの具体的かつ詳細な姿を述べてきたのである。

ところで、これら三宗教集団、アーミシュ、ハッタライトそしてメノニータスは、十六世紀宗教改革期に発生した福音的再洗礼派にその共通のルーツを有している。再洗礼派最初の信仰告白である「神の子らの兄弟的一致」(「シュライトハイム信仰告白」)の中で、キリスト教とりわけ新約聖書に基本的ともいいうる二元論的世界観にもとづき、悪しきこの世から隔離すべきことが主張されている。「わたしたちはこれらすべてから隔離され、このようなものと一切関わり合ってはならない」と。こうした教説のゆえに、当時の福音的再洗礼派にあっては、具体的に幼児洗礼、国教会制、信仰に関する強制、宣誓、兵役参加の拒否が強固に実践されたのである。もちろん、宗教改革期と今日では時代的に大きく変化しており、今日の再洗礼派系の三宗教集団がこれらとまったく同一の信仰と実践に固執しているとはいえないまでも、キリスト教に基本的な二元論的世界観に立脚するその伝統のかなりの部分が、今日にいたるまで依然として継承されているのは事実である。

われわれはさらに、十六世紀の福音的再洗礼派の主張を明らかにするために、同時代の宗教改革者ルターやカルヴァンのそれとの異なりが、とりわけ教会観とキリスト者の生活態度にあることを指摘した。再洗礼派の主張する教会は真のキリスト者のみにより形成される「信仰者の交わり」であり、可視的なキリスト者集団としての教会である。この教会こそ神の王国の地上における具現体でなければならなかった。またその生活態度にしても、内的新生を体験し、そのしるしとしての再洗礼を受領したキリスト者には、きびしい倫理的道徳行為が課せられ、それを犯す教会員に対して除名追放の措置をも講じたのである。このようにして、信仰共同体としての教会の純粋性と神聖性を保持したのである。

二

それでは、十六世紀の再洗礼派の系を持つアーミシュ、ハッタライト、そしてメノニータスというセクト型宗教集団の、今日の北アメリカにおける姿はどうであるのか。このような信仰共同体、いわば「聖なる共同体」の形成には、何よりも地理的空間的に世俗世界から分離孤立した場所であることが望ましいのは当然であろう。また同時に、それが存在する罪ある世俗世界から社会＝文化的影響、とくに宗教的影響を可能な限り排除する努力も必要であろう。事実、これら三宗教集団においては、こうしたたゆまざる試みが展開されているのである。まさに、ウィルソンが、「世俗世界から後退した共同体を形成することを通して、自らの神聖性を保つことで救済を求める」という内省主義的セクトに特徴的な姿を観察することができるのである。

まず、アーミシュの事例からその姿をみることにしよう。

アーミシュはアメリカ到着後、フィラデルフィアのいわゆるエングリッシャー入植地から孤立した、当時としてはフロンティアであった今日のレディング附近に共同体を設立した。しかしながら、この地が先住民による相次く襲撃のために危険であったことから、今日のランカスター郡に集団的に居住して共同体を展開したのである。ところが、ランカスター市の急激な発展と郊外化にともない、かれらが形成していたランカスター郡のアーミシュ居住地への一般のアメリカ人の居住が増加してきた。今日では、アーミシュの教会区内に数家族から十数家族の非アーミシュが混住しているのが現実である。とはいえ、近距離に居住しているこれら非アーミシュ家族との日常的接触はほとんどみられない。まさに、かれらを忌避している姿を観察することができるのである。

このように同一地域内に非アーミシュが混住しているとすれば、空間的な意味での分離孤立化はもはや困難といわなければならない。それゆえに、アーミシュ共同体においては内部統合の装置を一層強固なものにすると同時に、社会＝文化的に外部社会からの影響を極度に排除する集団的努力を重ねることになるのである。その場は何よりもまず教会区と呼ばれる自己完結的な小社会である。およそ三〇家族からなる教会区の成員の相互関係は、文字通り対面的で相互に熟知しあい、その親密さと温かさは他に類をみない。この教会区における集団の内的統合はきわめて強固なものということができよう。

教会区において、とくに重要性を持つのは説教礼拝である。これには教会区の老若男女すべてが出席し、共に教役者の語る聖書の説き明かしに耳を傾け、初期再洗礼派の讃美歌を唱い、祈りの時をもつ。礼拝後には全員による会食がある。この説教礼拝と共に、洗礼、結婚、葬儀といったライフ・サイクルと直結した宗教儀礼は、この共同体の統合に益するところがきわめて大きい。また、教会区の教役者の役割も看過できない。かれらはアーミシュの伝統的文化の守護者であり、共同体統合のシンボルでもある。成員のすべてがこれら教役者に全幅の信頼を寄せている姿をみることができるのである。

他方、外部社会の影響を排除する集団の組織的努力も多く観察される。アーミシュは幼少時より家族において、またアーミシュ小学校という学校教育において、宗教的社会化すなわちその宗教的理念と実践とに適応するように訓育される。さらに、長じての受洗に際して教会戒律の遵守を誓約するなど、成員には家族、共同体、教会によって、かれらがとりうべき唯一の志向性が与えられる。かれらの職業選択にしても、外部社会とりわけ都市部での非アーミシュとの接触が最小限に抑制される農業、ないしはそれと関連した職種のみが認められるにすぎない。農産物販売のために都市部との関係をもつとしても、都市の中枢部あるいは非経済的な面での接触はほとんどみることができない。同様に、外部社会の慣習や文化的衝動をもたらすのにすぐれた刺激剤であるラジオ、テレビ、新聞、雑誌といったマス・メディアも一切禁じられている。もちろん、再洗礼派の伝統にしたがい、政治への参加や兵役への拒否の姿勢は依然つらぬかれている。

上に述べた共同体の内部統合および社会＝文化的分離孤立化への試みに加えて、アーミシュにおいては強固な社会統制の方法が確立されている。外部社会からの影響のゆえに教会戒律を犯し、その伝統的な文化特性さらには共同体の存続に危機をもたらすような逸脱行為が生じた場合には、アーミシュ特有の忌避追放の措置が講じられる。これはアーミシュがスイス再洗礼派から分裂した際の中心的論点となった問題にほかならず、アンマンの伝統が今日にいたるまで依然として強く保持されているということができる。

かくして、「この世的なもの」のシンボルとされる自動車をはじめ現代文明の所産の使用を願う成員は、宗教的報酬はもとより、共同体により与えらるべき実際的報酬が拒絶されることはもちろんであるが、さらに共同体の全成員の意志にもとづく忌避追放のペナルティが科せられるのである。ともあれ、忌避追放によりすべての社会関係から逸脱者を隔離することにより、共同体の他の成員に対する汚染の脅威を最小限にとどめる地位がかれに与えられる。同時に忌避が有効に作動することにより支払わなければならない代償が、いかに大なるかと他の成員に熟知させるという、いわば枢要な歯止めの作用をも持っているのである。このようにして、アーミシュの聖なる共同体の純粋性と神聖性が確保され維持されているのである。

次に、ハッタライトの事例をみてみよう。ハッタライトの場合、一八七〇年代のアメリカの入植時より中西部のいわゆる大平原のサウス・ダコタにコロニーを設立し、財産共有制にもとづく共同生活を展開したのである。コロニー人口が増加するのにともない、内的統合と統制が可能な人数にコロニーを保つために分封を重ね、今日では四三〇を超すコロニーの設立をみることができる。これらのコロニーは地理的空間的にも世俗世界からかなり分離され孤立した場所に設立されている。わたしが訪れたペンブルック・コロニーは、最も近くのイプスウィッチの町から車で約三〇分、スポーケン・コロニーにしてもスポーケン市から四、五〇分のところにあり、共に一般のアメリカ人居住地域から孤立した場所に存在している。かれらはこうした空間的に都市部から相当離れ孤立したところに、数千エーカーにもおよぶ広大な土地を占有して、農業を主体とする共同体、いわば「聖なる共同体」を構築しているのである。

ハッタライト・コロニーは空間的に孤立しているのみではない。共同体の神聖性を維持確保するために、社会＝文化的にも世俗社会から隔離されている。子供はモラヴィア時代からの伝統にしたがい、コロニー内に設置された保育所および小学校で、ハッタライトの基本的信仰である自己放棄と財産共有制に適応すべく教育される。文部当局の要請による有資格教師が担当の英語小学校もコロニー内に設置されてはいるが、宗教的社会化のウェイトが伝統的教育制度におかれていることは否定できない。

ハッタライト共同体の成員が、日常的に外部社会の人々と接触することはほとんどないといってよい。かれらには自動車の使用が、アーミシュとは異なって認められている。しかし、成員がコロニーから外出するとしても、コロニー委員会の許可を得た特定の役職者が、特定の所用のゆえに外出するのみであり、個人的所用で外出することはありえない。コロニーへの訪問者も農産物取引きに関することが中心で、やはり限定された人のみである。また、外部社会からの有力な情報源であるラジオ、テレビその他のメディアも禁じられ、指定された出版刊行物のみが許される。

かくして、いちじるしく限定されたわずかの情報がかれらにもたらされるのみである。ただし、一般の成員にはこうした厳格な制約が課せられるとはいえ、たとえば酪農担当者には酪農に関する専門誌の購読が許されるというように、主として経済的に有利と思われる側面に限って、例外的な措置が認められていることも事実である。もちろん、ハッタライトの伝統的生活様式あるいは戒律に違反した逸脱者に対して除名追放のペナルティが科せられること、さらには政治への参加や兵役の拒否といった再洗礼派の主張は、アーミシュの事例と異なるものではない。

他方、共同体の内的統合に関していえば、あらゆるハッタライト・システムは財産共同体（Gemeinschaft der Güter）の維持に焦点づけられている。日曜ごとの礼拝や毎日の夕礼拝において、ハッタライトの宗教的理念が繰り返し語られるなど信仰の共有に意が用いられている。婚姻にしても、生活慣習がかなり類似している同一の群（Leut）間での通婚である。かれらの間ではたしかに安定した家族構造をみることができるが、家族以上に共同体の優位性が強調される。かれらが財産共有制にもとづく共同生活を営んでいるからにほかならない。

メノニータスの事例に移ろう。メノニータスはカナダよりメキシコに移住するに当たって大統領から「特許状」を得て、かれら独自の宗教的理念と実践を可能にする共同体形成を目指して入植している。そして、メキシコ社会から孤立した場所に、ハッタライトと同じく、というよりそれをはるかに凌駕する広大な土地を入手して、コロニア、聖なる共同体を建設したのである。コロニア・ラ・オンダにしても、空間的にミゲル・アウサの町から数十キロメートル離れた孤立したところに存在している。それは特許状に記されているように、兵役免除、独自の教育制度など多くの点でメキシコ政府の干渉を排除した共同体であり、まさに治外法権的ともいうことができる共同体である。ここでかれらは、コロニアの全成員が集団的に救済されるために、罪あるこの世からの汚染を避け、神の意志にしたがった正しい生活を営んでいるのである。

メノニータスもまた地理的空間的のみならず、社会＝文化的にも外部のメキシコ社会から後退し孤立した姿を示している。次世代の教育はメキシコ政府による文部行政から完全に独立した、かれら固有の教育システムを展開している。そこではドイツ語による宗教的社会化を中心とした教育が実施されている。婚姻にしても、メノニータス内婚でなければならず、逸脱者は除名追放の対象となる。メキシコ社会との接触は、スペイン語が理解できる一部の役職者による限定された領域、たとえばサカテカス州やミゲル・アウサの町当局との接渉、あるいは農産物の販売などのみである。とくに一般の成員、とりわけ女性や子供はスペイン語をほとんど解さないゆえに、よほどの緊急事態をのぞいて、コロニアを出ることはないという。このように、言語面でもそれが大きな障害となり、メキシコ社会との接触はいたって困難であるのが実情といえよう。さらに、アーミシュやハッタライトの場合と同じく、聖書と伝統的生活様式から逸脱した者に対しては除名追放の措置が講じられる。とくに興味をひくことは、メノニータスにおいては監督直属の情報提供者が各村に配置されており、悪しき行為者、逸脱者に対する監視の目が張り巡らされていることである。このようにして、メノニータスのコロニアは聖なる共同体としての神聖性を維持しているのである。

われわれは、これまでウィルソンのいう内省主義的なセクトの主たる特質である「聖なる共同体」の形成という視点から、三つのセクト型宗教集団にみられる地理的空間的孤立、および社会＝文化的影響の排除を中心に要約整理してきた。今ひとつの点を指摘するとすれば、この外部社会からの分離孤立化は外部社会の動向のすべてに無関心的態度をとることをも意味する。かれらは外部社会の変革はもとより改善に関しても何ひとつ干渉することなく、そこから後退してただひたすらに自己の共同体の内的発展にかかわることのみが最大の関心事なのである。まさに、インガーのいう「回避型」セクトの典型ともいうことができるであろう。

しかしながら、これらの三集団においてはこうした点以外にも「セクト」としての特徴群を多く観察することができる。そのひとつは信徒の祭司性である。これら三集団における教役者は、男性成員の中から抽選あるいは推薦によって選出されている。かれらは神学校などで専門的な神学的訓練を受けた専職的教役者ではない。日常的には他の成員と同じく農業活動に携わっており、もちろん、その役職に対して報酬が支払われることもない。ひとりの農民である信徒が選ばれたがゆえに、教役者としての職務を全うしているのである。つぎに、成員資格という特徴もある。これらのセクト集団の正規のメンバーになる洗礼に際しても、受洗者のための特別のクラスが編成されるなど細心の準備が行なわれる。というより、幼少時より十数年以上にわたり、洗礼のための教育が実施されるといってよい。そして、洗礼の直前に自覚的信仰の確認、教理に関する知識など洗礼にふさわしいかどうかの入念な資格審査が行なわれ、全成員の同意のもとに洗礼が執行されるのである。そしてまた、大きな逸脱など戒律違反がみられると、きびしい除名追放の処置が講じられるのが通例である。さらにつけ加えるとすれば、いわゆる「教会型」宗教集団にみられるような、華麗な内部装飾を持つ壮大な教会堂、大伽藍といった建築物も所有していない。アーミシュにおいては教会員の自宅で礼拝が開催される。ハッタライトおよびメノニータスでは礼拝用の建物が設置されてはいるが、十字架や聖像など何ひとつの装飾もない、いたって簡素な造作であり、ただ出席者用の質素なベンチが並べられているのみである。

三

本書において、われわれが主たる目的と設定した今ひとつの課題は、これらアーミシュ、ハッタライトおよびメノニータスというセクト的宗教集団が、それが存在する外部社会の主要宗教集団に吸収されることも、また社会＝文化的圧力に屈することもなく、長期にわたり存続している、というより、むしろそのメンバーの増加はいちじるしく、繁栄の傾向をすら示している事実がみられる。それは一体いかなるメカニズムによっているのか、という問いであった。われわれはその主たる要因として、かれらが次世代の宗教的社会化に最大限の努力を重ねている事実、そしてその試みがかなりの成功をおさめている姿を明らかにしたのである。

もちろん、これらの三宗教集団の長期にわたる存続そして繁栄が、上に述べたように、地理的空間的孤立とそれが存在する外部社会からの社会＝文化的影響の極度の排除によっている事実は否定できない。しかしながら、それにもまして家族および共同体による次世代の教育、とりわけ宗教的社会化が果たしている役割は決して看過できないところである。これらのセクト的集団は成員補充を集団内部からの次世代のみに限定している。他の宗教集団に広くみられるような伝道活動をまったく実践していないために、外部社会からの入信加入者は皆無なのである。次世代を宗教的に社会化することを通してのみの成員補充の成否が、したがって、これらのセクト的集団の存続にかかわる最大の課題ということがいえよう。この意味から、さらには母国を離れて数百年を経過した今日、依然ドイツ語を使用している事実からも、これらの集団は「エスニック・セクト」の特徴を明確に示しているということができよう。

アーミシュにおいて最も重要視される教育の意義は、次世代にアーミシュ固有の宗教信仰と生活様式を伝達することにほかならない。そのための最もすぐれた教育機関は家族であると考えられている。父親が農場で少年に、母親が台所で少女に教育することが重視される。もちろん、家族における宗教教育は両親の義務とされる。そして、家族という教育の場で足らざるところを補うために、州の文部当局による義務教育の要求もあって、アーミシュ小学校が設置されているのである。このアーミシュ小学校は文部当局とのコンフリクトを体験しながらも、アーミシュ自身の財政的負担により設立、運営され、州の基準からすれば無資格のアーミシュ教師が教育の任に当たっている。この小学校は非アーミシュ児童をひとりもふくまない、分離されたアーミシュのみの小学校である。州のカリキュラムに一応準拠しているとはいえ、ドイツ語をはじめとする宗教教育にも意が用いられている。

財産共有制に立脚して共同生活を営むハッタライトにおいては、家族による次世代の宗教的社会化がみられないわけではないが、それにまさって共同体が果たす役割は大である。モラヴィア時代からの伝統にしたがい、幼児期から家族の手をはなれて、各コロニーに設置されている保育所および小学校において教育を受ける。とくに、小学校では共同体が選出したひとりの教師の全責任において、入念な宗教的社会化がほどこされる。文部当局の要請にしたがって英語小学校もコロニーに設置されているが、ハッタライトはこれを軽視する傾向が強く、伝統的教育制度にもとづくドイツ語をはじめとする宗教的社会化の方策に大きな価値をおいている。

メノニータスにおいてもまた、メキシコ入植に際して大統領の「特許状」による保証を得て、「独自の教師による独自の学校」を設立している。コロニアの各村には、村の費用でメキシコの教育制度とは異なる独自の小学校が設置され、独自のカリキュラムによる教育が児童に実施されている。教師は否定するが、ここで実施されている教育は宗教教育そのものといって差し支えない。注目されることは、コロニアの最高指導者である監督をはじめとする教役者、村の情報提供者による視察が頻繁に行なわれることである。もし、かれらの不興を買うようなことがあれば、教師は直ちに罷免される。このようにしてメノニータスの伝統にしたがった教育、宗教的社会化が維持、確保されているのである。同時に、家族による宗教教育、とりわけ洗礼時に必要とされる『教理問答書』の暗記に父親の果たす役割は大きいといわれている。

以上のべてきたように、アーミシュ、ハッタライトそしてメノニータスというこれらのセクト型宗教集団においては、それぞれの宗教的理念と実践を軸として、外部社会からの影響を排除したエスニックな特性を有する生活様式の伝達を主眼とした、独自の伝統的学校教育機関を設置しているのである。そこでは児童の知力を育成しその能力を開発するための教育ではなく、宗教的に次世代を訓育すること、そしてやがて来るべき洗礼の日に備える教育が実施されているのである。もちろん、アーミシュやメノニータスにみられるように、家族がこの領域において果たす役割が、学校教育におけるそれにもまして重要視されていることは否定できない。

学校教育を終えた若者は、肉体的には一人前の農業労働者あるいは家事従事者として遇されるが、宗教的にはいまだ未熟者とみなされる。かれらは家族にあってはとくに父親が、そして教会においては教役者が指導して、数年後の洗礼の日に備える教育がさらに継続される。幼少時より十数年にわたり実施されてきた入念な宗教的社会化は、この時期になお一層の指導を得て、家族、共同体、そして教会が期待する洗礼という最大目標に結実することになるのである。この間に脱落する者はほとんどいないという。こうしたたゆまざる積極的な宗教的社会化のプロセスを経た次世代による成員補充の成果を通して、これらのセクト型宗教集団は、外部社会からの入信加入者を拒否しているにもかかわらず、長期にわたり存続しかつ繁栄の傾向をすら示しているということができるのである。

参考文献（主要なもののみを掲載）

Arnold, Eberhard and Emmy, *A Testimony to Church Community from his Life and Writings*, The Plough Publishing House, 1973.

Arnold, Eberhard and Emmy, *Seeking for the Kingdom of God, Origins of the Bruderhof Communities*, The Plough, 1974.

Arnold, Eberhand and Emmy, *Torches Together, The Story of the Bruderhof Communities*, The Plough, 1976.

Bachman, Calvin G., *The Old Order Amish of Lancaster County, Pennsylvania*, Pennsylvania German Society, 1942.

Bainton, Roland H., *The Age of Reformation*, D. Van Nostrand Co., 1960.

Bainton, Roland H., *Reformation in the Sixteenth Century*, Beacon Press, 1960.

Beachy, Alvin J., "The Rise and Development of Beachy Amish Mennonite Church", *MQR.*, 29, 1955.

Becker, Howard, *Systematic Sociology*, John Wiley & Sons, 1932.

Bennett, John W., *Hutterian Brethren: The Agricultural Economy and Social Organization of a Communal People*, Stanford University Press, 1967.

Brewer, Earl D. C., "Sect and Church in Methodism", *Social Forces*, 30, 1952.

Byler, Uria R. (ed.), *School Bells Ringing*, Patway Publishers, 1969.

Chamberlayne, John H., "From Sect to Church in British Methodism", *British Journal of Sociology*, 15, 1964.

Classen, Claus-Peter, "Anabaptist Sects in Sixteenth Century", *MQR.*, 46, 1972.

Dedic, Paul, "The Social Background of the Austrian Anabaptists", *MQR.*, 13, 1939.

出村彰『再洗礼派』日本基督教団出版局、一九七〇。

出村彰『スイス宗教改革史研究』日本基督教団出版局、一九七一。

出村彰（他訳）『宗教改革急進派』ヨルダン社、一九七二。

Durnbaugh, Donald F., *The Believer's Church*, Macmillan, 1970.

Eaton, Joseph, "Controlled Acculturation", *American Sociological Review*, 17, 1952.

Eaton, Joseph and Albert Mayer, "The Social Biology of Very High Fertility among the Hutterites," *Human Biology*, 25, 1955.

Fischer, Hans, (E. T. by W. R. Classen), *Jacob Hutter*, Board of Education and Publication, General Conference Mennonite Church, 1956.

Francis, E. K. "The Mennonite Commonwealth in Russia, 1789-1914", *MQR.*, 25, 1951.

Francis, E. K. "The Mennonite School Problem in Manitoba, 1874-1919", *MQR.*, 27, 1955.

Friedman, Robert, "Economic Aspects of Early Hutterite Life", *MQR.*, 28, 1956.

Friedman, Robert, *Theology of Anabaptism*（榊原巌訳『アナバプティズムの神学』平凡社、一九七五）

Gasho, Milton, "The Amish Division of 1693-1697 in Switzerland and Alsace", *MQR.*, 11, 1937.

Getz, Jane C., "Economic Organization and Practices of Old Order Amish of Lancaster County, Pennsylvania", *MQR.*, 20, 1946.

Gratz, Delbert, *Bernese Anabaptists and their American Descendants*, Herald Press, 1953.

Gross, Leonard, *The Golden Years of Hutterites*, Herald Press, 1980.

Gross, Paul S., *Hutterite Way*, Freeman Publishing, 1965.

Hofer, John, *History of the Hutterites*, Friesens Corporation, 1996.

Hostetler, John A., *Education and Marginality in the Communal Society of Hutterites*, Pennsylvania State University, 1965.

Hostetler, John A. and G. E. Huntington, *The Hutterites in North America*, Holt, Rinehart and Winston, 1967.

Hostetler, John A., *Children in Amish Society*, Holt, Rinehart and Winston, 1971.

Hostetler, John A., *Amish Society*, The John Hopkins University Press, 1973.

Hostetler, John A., *Hutterite Society*, The John Hopkins University Press, 1977.

Il'inykh, N. I., "Peculiarities of the Organization and Activity of Mennonite Congregations", *Soviet Sociology*, 11, 1972.

Keim, Albert N. (ed.), *Compulsory Education and the Amish: The Right Not To Be Modern*, Beacon Press, 1975.

Kollmorgen, Walter M., *Culture of a Contemporary Rural Community, The Old Order Amish of Lancaster County, Pennsylvania,* U. S. Department of Agriculture, 1942.

Kraybill, Paul M. (ed.), *Mennonite World Handbook*, Mennonite World Conference, 1978.

倉塚平『異端と殉教』筑摩書房、一九七二。

Leibbrandt, George, "The Emigration of German Mennonites from Russia to the United States and Canada, 1873-1880", *MQR.*, 7, 1933.
Loomis, Charles P. and J. A. Beegle, *Rural Social Systems*, Prentice-Hall, 1950.
Mckusick, Victor A., *Medical Genetic Studies of the Amish*, The John Hopkins University Press, 1978.
Mennonite Encyclopaedia, 4 vols., Mennonite Publishing House, 1955-59.
Mennonite Quarterly Review (*MQR.*), Mennonite Historical Society, 1927-.
Miller, Harvey J., "Proceedings of Amish Minister's Conference, 1826-31", *MQR.*, 33, 1959.
Minnich, Herbert, "Mennonites in Latin America", *MQR.*, 48, 1974.
Murdock, George P., *Social Structure*, Free Press, 1965.
Peter, Victor, *All Things Common: The Hutterite Way of Life*, University of Minnesota Press, 1965.
Redekop, Calvin, *Old Colony Mennonites*, The John Hopkins University Press, 1969.
Riedemann, Peter, *Rechenschaft unserer Religion*, Verlag der Hutterischen Brüder, 1938.
坂井信生『アーミッシュ研究』教文館、一九七七。
榊原巌『殉教と亡命　フッタライトの四五〇年』平凡社、一九六七。
Sawatzkey, Harry L., *They Sought a Country*, University of California Press, 1971.
Smith, Elmer L., *The Amish People*, Exposition Press, 1958.
Smith, Elmer L., *Studies in Amish Demography*, Eastern Mennonite College, 1960.
Stroup, J. Martin, *The Amish of Kishacoquillas Valley, Mifflin County, Pennsylvania*, Mifflin County Historical Society, 1965.
高橋雅春『描画テスト入門―HTPテスト』文教書院、一九七四。
Teacher Talk, Pathway Publishers, 1970.
Tips for Teachers: A Handbook for Amish Teachers, Pathway, 1970
Troeltsch, Ernst, *Die Soziallehren der Christlichen Kirchen und Gruppen*, Gesammelte Schriften, Bd. 1, J. C. B. Mohr, 1912.
Umble, John, "The Amish Mennonites of Union County, Pennsylvania", *MQR.*, 7, 1933.
Umble, John (ed.), "Amish Minister's Manual", *MQR.*, 15, 1941.
Weber, Max, *Die Protestantische Ethik und der Geist des Kapitalismus*, Gesammelte Aufsätze zur Religionssoziologie, Bd. 1, 1963.

Weber, Max, *Die Protestantischen Sekten und der Geist des Kapitalismus*, Gesammelte Aufsätze zur Religionssoziologie, Bd. 1, 1963.
Wenger, J. C., *The Doctrine of Mennonites*, Mennonite Publishing House, 1952.
Williams, G. H., *Spiritual and Anabaptist Writers*, SCM Press, 1957.
Williams, G. H., *Radical Reformation*, Westminster Press, 1962.
Wilson, Bryan R., "An Analysis of Sect Development", *American Sociological Review*, 24, 1959.
Wilson, Bryan R., *Religious Sects*, George Wiedenfeld and Nicolson Ltd., 1970（池田昭訳『セクト　その宗教社会学』平凡社、一九七二）
Wilson, Bryan R., *Religion in Sociological Perspective*, Oxford University Press, 1982.
Yinger, J. Milton, *Religion, Society and Individual*, Macmillan, 1957.
Yinger, J. Milton, *The Scientific Study of Religion*, Macmillan, 1970.

あとがき

私は一昨年『明治期長崎のキリスト教』（長崎新聞新書）と題する小著を公にした。かねてより、長崎が近代日本宗教史・キリスト教史上、重要なキリスト教の発信基地のひとつとして、大きな役割を果たしていることから、いつの日にか、長崎のキリスト教の姿を明らかにできたらと願っていた。

たまたま、私は九州大学を定年退官したのち、縁あって長崎の活水女子大学に勤務することとなった。これを機に、関係史料の収集につとめ、大学紀要に三回に分けて拙論を掲載した。そして、それを一般読者向けに加筆訂正して出版したのが先述の小著というわけである。

ところが、よくよく考えてみると、私の九州大学在職中に、確かに長崎のキリシタンやカトリック村落の調査を行なっているとはいえ、むしろ本書で取り上げた北アメリカのセクト型宗教集団が、私の主要な研究対象にほかならなかった。そして、調査研究を試みた折には、そのつど論文を公にしてはいるものの、それらをひとつの著作にまとめる作業を怠たっていた、ということに改めて気付かされた。かくして、年齢的にも健康的にもそろそろ限界を感じているこの頃でもあり、この際、私自身の貧しく拙ない研究ではあっても、ひとつの履歴書としてあえてまとめてみようと思い立ったのが本書である。

当初はこれまで公にした拙論の中から、「聖なる共同体」としてのアーミシュ、ハッタライト、メノニータスに関するものを選ぶことも考えた。しかし、これらを読み返してみると、その時々の問題意識からかなり重複する部分や時期的に説明不足と思われる部分もあることから、いくつかの共通した項目、たとえば、各宗教共同体の略史、宗教的理念と実践、社会構造、家族の機能、学校教育をふくむ宗教的社会化、そして経済活動などに分かって書き直しを試みた。

本書においては次の二つの視座がとくに強調されている。そのひとつは、「聖なる共同体の人々」との書名が表現しているように、これらの共同体が宗教信仰を中核とする共同性を有しており、かつその起源《ルーツ》である宗教改革期の再洗礼派から連綿と継承されている「セクト性」を依然具有していること。今ひとつは、外部社会への伝道活動を一切行なわない閉鎖的集団でありながらも、これらの共同体が繁栄の方向へと展開していること、すなわち共同体における内的再生産（家族、学校および共同体による宗教的社会化）が、成功裡に実践されていること。この二点を中心軸に各項目についての議論が構成されているということである。

私がアーミシュ、ハッタライトそしてメノナイトのことを、初めて耳にしたのは五〇年程前のこと、恩師古野清人先生の講筵においてであった。先生は一九五四年、アメリカ合衆国国務省の招待でアメリカ旅行をされた折、オハイオ州のアーミシュ共同体およびサウス・ダコタ州のハッタライト・コロニーを訪問された(1)。帰国後『哲学年報』（九州大学文学部）に「アメリカの小宗教集団――アーミシュとハッターライト――」と題する論文を寄せておられる（第一七輯、一九五五年）。この古野論文がこれらの宗教集団を取り扱った日本で最初の論考である。古野先生から、アーミシュやハッタライトの研究を勧められたのもこの頃のことである。

しかしながら、当時の私はこれら小宗教集団研究にはあまり関心を持たなかった。探しても参考文献はほとんどなく、ただ先生のお勧めが心の隅に残ってはいた。文献が次第に集まるにつれて、とりわけアーミシュへの関心が大きくなり、いくつかの論文を公にした。本格的調査を試みたのは、一九八一年アメリカ人文科学系学会評議会（*American Council of Learned Societies*）の招待で、一年間の在米研究の機会が得られたことによる。本書で取り上げたアーミシュやハッタライト、その他いくつかの宗教共同体の調査に従事することができた。

さらに、私は文部省科学研究費によるメキシコ・カトリック文化に関する海外調査（代表者野村暢清九州大学名誉教授）の分担者として、カトリック社会メキシコにおけるプロテスタントの研究を担当した。この調査は一九七九年より隔年で四回継続されたが、この課題の一環としてメノニータス調査を試みたわけである。

このメノニータス調査には慶應義塾大学教授（当時東京外語大学助教授）の清水透氏の助力をえた。メキシコ近現代史研究の清水氏は、われわれの最後の調査から一〇年後の一九九五年に、コロニア・ラ・オンダを訪問したところ、予想もしなかった大きな変化に驚いたという。詳細が不明であったために本書ではふれなかったが、過日語ってくれた清水氏の印象は次のごときものである。メキシコへの集団移住以前のカナダ時代を知る最後の生き証人であった、伝統固執派リーダーの監督ワール氏につづいてペンナー氏が、一九八八年に相次いで亡くなったのを機に、刷新派が急に台頭して電力や自動車の導入がはじまり、それに反対する伝統派一五〇家族が、チワワ州エル・サビナルにコロニアを新設して移住したとのこと。しかし、ラ・オンダでも宗教信仰と実践をはじめ、ドイツ的色彩の濃厚な生活文化、宗教的内婚、学校教育、コロニアの自治運営などは、従来とほとんど変化はみられないという。このようなメノニータスの動きは、旧派アーミシュにおいて、電力、自動車のみを許容したビーチー・アーミシュの分裂劇にも似ているといえよう。

今、「あとがき」を記しながら感慨深く思われることのひとつは、これまで私が研究対象として選択したのは、過去に苛酷な迫害や弾圧の体験を有する宗教集団がほとんどだ、ということである。本書の主人公も然り、宗教改革期から北米移住に至る迫害と逃避の三世紀、北米においてすら弾圧の憂き目に遭っている。兄弟会もナチによる弾圧を受けた。また、日本のキリシタンもご存知の通りである。私自身とくに意識してこうした弾圧された宗教集団を選択したわけではない。なぜそのような結果になったのか、何か不思議な力に導かれたようにも思われてならない。

今ひとつは、これまでの私の研究や調査に際して、じつに数多くの方々のご指導やご協力があったことである。古野清人先生はもとより、メキシコ調査の分担者に加えてくださった野村暢清先生の学恩に対し、まず感謝申上げなければならない。アーミシュ、ハッタライトそして兄弟会の調査に多くの便誼をあたえ、私の帰国後も数々の情報を提供してくれた、今は亡きホステトラー教授のあたたかいご配慮も忘れられない。もちろん、それぞれの調査地で宿の提供など親切にお世話していただいた多くの方々に、心からお礼を申上げたい。

最後に、本書の刊行は活水女子大学出版助成金をいただいての出版である。また、面倒な編集作業に関しては、九州大学出版会の永山俊二氏に大変手間をおかけした。とくに記して感謝の意を表したい。

なお、本書に掲載している写真は九六頁のペンブルック・コロニーの航空写真を除いて、すべて著者自身による撮影である。

二〇〇七年盛夏

著者

註（1）『古野清人著作集』別巻（三一書房、一九七四）所収の「アメリカ紀行」を参照のこと。

坂井信生（さかい・のぶお）

一九三五年下関市生まれ。

九州大学大学院文学研究科博士課程単位取得退学。

専攻、宗教社会学。文学博士。

現在、九州大学名誉教授、活水女子大学教授。

著書に『アーミシュ研究』（教文館）、『明治期長崎のキリスト教』（長崎新聞社）、『人間とは何か』（共著・九州大学出版会）ほか。論文に「メキシコのプロテスタント」「コミュナル・セクト」「セクト児童の研究」「エスニック・セクトの学校教育」「宗教信仰と都市化――三井楽カトリックをめぐって――」「生月かくれキリシタン研究」など多数。

聖《せい》なる共同体《きょうどうたい》の人々《ひとびと》

2007年10月10日 初版発行

著　者　坂　井　信　生

発行者　谷　　隆　一　郎

発行所　㈶九州大学出版会
〒812-0053 福岡市東区箱崎7-1-146
九州大学構内
電話 092-641-0515(直通)
振替 01710-6-3677
印刷・製本　城島印刷㈱

ISBN978-4-87378-956-9

九州大学出版会

＊表示価格は本体価格

野村暢清
宗教と社会と文化
――宗教的文化統合の研究――
B5判　八一〇頁　一五、〇〇〇円

世界のどの民族も、文化も宗教的なものをその文化の根底にもっている。本書は、カトリック的宗教文化統合の中での時間構造、空間構造、社会構造、人々の願いや生きることの意味づけなどを実証的に解明する。

野村暢清
宗教と社会と文化Ⅱ
――メキシコ・カトリック村落の研究――
B5判　四九八頁　一二、〇〇〇円

本書は、西欧文化の中核を構成するカトリシズム、カトリック文化の構造と機能と分有の姿を、その日常生活の姿の中で明らかにしていくものである。著者の長年にわたるメキシコのカトリック村落、トラホムルコでの現地調査や実験的研究によって、観察・分析していく。

原　英子
台湾アミ族の宗教世界
A5判　三〇〇頁　五、七〇〇円

本書では、著者が台湾花蓮市近郊の南勢アミ村落での調査で得た資料をもとに、アミ族の空間認識が方位性とフラクタル性をもつことを指摘しつつ、かつて二種類の宗教的職能者によって構成されていたアミ族の宗教世界を明らかにした。

古谷嘉章
憑依と語り
――アフロアマゾニアン宗教の憑依文化――
A5判　三九〇頁　五、八〇〇円

アフロアマゾニアン宗教、すなわち黒人奴隷制と天然ゴムブームがブラジル・アマゾンで生み出した、著しく混淆的なアフリカ系憑依文化のエスノグラフィー。

川田牧人
祈りと祀りの日常知
――フィリピン・ビサヤ地方バンタヤン島民族誌――
B5判　三六〇頁　七、五〇〇円

聖人像を祭祀する小聖堂のフィエスタ、カトリック儀礼の聖週間、呪文祈禱書と精霊観念を基とした呪術的治療者の諸活動など、フォーク・カトリシズムの枠組みで語られてきたこれらの事象を、ビサヤ民俗社会における知識の運用と生活実践という観点から民族誌的に捉えなおす。